U0918391

落颜诗集

■ 传说我们相爱过

■ 浣月集

落颜 / 著

兰州大学出版社

图书在版编目(CIP)数据

落颜诗集/落颜著.—兰州:兰州大学出版社,2010.9

ISBN 978-7-311-03597-6

Ⅰ.①落… Ⅱ.①落… Ⅲ.①诗歌—作品集—中国—当代 Ⅳ.①I227

中国版本图书馆 CIP 数据核字(2010)第 157629 号

策划编辑 梁建萍
责任编辑 李 文 张 佳
封面设计 管军伟

书　　名 落颜诗集
作　　者 落颜 著
出版发行 兰州大学出版社 (地址:兰州市天水南路 222 号 730000)
电　　话 0931-8912613(总编办公室) 0931-8617156(营销中心)
　　　　 0931-8914298(读者服务部)
网　　址 http://www.onbook.com.cn
电子信箱 press@onbook.com.cn
印　　刷 兰州奥林印刷有限责任公司
开　　本 710×1020 1/16
印　　张 15.75
字　　数 78 千
版　　次 2010 年 9 月第 1 版
印　　次 2010 年 9 月第 1 次印刷
书　　号 ISBN 978-7-311-03597-6
定　　价 28.00 元

目　录

Contents

浣月集

卷首语

常常为逝去不可重回的年华
而凄然泪下
常常为种种无心铸就的过错
而怅然失落
恕我不能阻止百花的凋谢
一如无法规定你我的离别

燕语呢喃
我心如仲夏的碧云天

浅弄一支水乡长篙
让莲的馨香蕴藉我的欢笑
轻舞一曲霓裳漫舞
让酒的酣醇点燃你的衷诉
让我用诗的方式
记下我们正在流失
或已流失的,故事
当蝶与花的记忆
还正如春风化雨般惬意

抖搂满树丰硕的红豆
让相思乘舟,驶入大尽头

在心中树起一座毋忘的丰碑
恒以永久的守侯
而在每一个月明如素的夜里
让我抛开所有世俗杂念
含泪撰写一章章缠绵的情诗
饮恨描绘一部部铿锵的爱史

传说我们相爱过

蝴蝶物语

——在金色的茧里，你好像答应过，要给我
一份绮丽的感情，一个关于真爱的，承诺

若所有的等待
都只为了，金风玉露那一相逢时
所绽放的芳菲
而所有虔诚的追寻啊
也只因为，我为你而存在

那么，为什么不能让这绚烂的双翼
在一瞬间，为你盛开

若所有的苦难都是因我而生
所有途中的埋伏与障碍
也都是我亲手栽培
我如何能不爱你此刻的憔悴
如何舍得
让你独自触摸那份，悲哀

若、若所有的苦果都起源于我的贪婪
所有的悔恨也都因为我的背叛
让我蜕化为一具空灵的茧
无关爱恨，无关缠绵

诗 集

无法从目录中找出
关于你的诗
然后，将它们一笔抹去
只因，整整一本书
反复都只说了
那一句，话
那一个，字

——自序之一

遗 赠

我知道,时光一去无迹
只能留下一串支离斑驳的回忆
我知道,再为虔心的祈祷与忏悔
在时光面前都一样苍白
我知道,也许总有一日我们会彼此相忘
一如白昼的太阳之于黑夜的月亮
我也知道,凡是美丽的总不会长久
所以,在这个没有恒星的宇宙
我们终将是两个盲目而又永不相识的星球

我爱,在至高至空的源头
还能揣摩彼此幽深叵测的哀愁

让我的心如离弓羿箭般射向无边的黑暗
只为亿万英里之外你无声的呼唤
让我为你燃起一片微弱的火焰
即使时空终止
星体撞击复归碎片,一切重返荒蛮
即使爱慕只能如流星般瞬息消散
想必我还是愿意接受这样的宣判
愿意,将生命幻化为一道
极短极短的绚烂

可是,亲爱的朋友
这样的结局终究是多么离奇而荒诞
在潮水涨落之后你来临之前
我只能留给你一片
写满无奈与伤痛的,沙岸

黄粱梦

——再辉煌淋漓的一生，不也终是
黄粱一梦

其实，我不该向命运提那么多的质疑
也不该那样地信任自己，信任你
如果聚散只是一圈一圈荡漾着
散去的涟漪
那么在这多雾多雨的山林
我期待一份从容而又细致的心情

这已是行程的终点
回顾所来径啊
曲曲折折铺满对你无尽的牵连
而我已无所欲求
生命也开始由奔放转向温柔
所有曾刺伤我肌理的锋利
也都换成了一种如水的和昱

我爱，就是在这样一个旖旎的夜里
年轻的我们曾初次，初次相遇

诗 祭

一直笃信世间所有的一切
到了最后，终必成空
尽管在那蜿蜒的过程中
你的出现每每让我湿润
而你的离去也曾让我无所适从

引觞的人啊
为什么要迟迟犹疑
生命里总有些妥协出于迫不得已
如果你愿意
我可以把每一段回忆都谱成无题

穿越千年桎梏的沧桑
诗早已凝聚成一种不可或缺的欲望
而不管是怎样的空白
想必在回首的刹那间
也都极具韵味
那么今夜，我就不得不思考
那些光怪陆离的传谣
到底是一张纷繁芜杂的记录
还是一份重复着不断强调的陈述
是我与生俱来的牵挂

或是内心深处隐隐作痛的结痂

朋友啊
究竟怎样的日月和流年
才算得上是真正的,了无遗憾

绝　句

那夜复一夜离我而去的
可是秦时的月
那日复一日向我走来的
可是汉时的陌
那不动神色却如影随形般的
可是那积聚千年的错
那无法释怀却又不得不掩饰的
可是你尘封的温柔的诺

红颜花易落，纷纷宛如昨
总有些什么已凝成琥珀
总有些什么已然化蝶
列蒂齐亚
总有些什么终我一生也都无法忘却

在清晨，在午夜
在你斑驳的窗轩下啊
我曾是最忠诚又最孤寂的
一朵

残篇

一

秋来之后
我将我的爱情细细解剖
连同忧伤,一并出售

二

而我并不会难过
泪水已将你我层层包裹
只待千年后
凝成一滴晶莹的琥珀

三

月色如纱
为你谢落一地桃花
终于明白顽石的桀骜
源自阳光亿万年钟情的照耀

四

而我还不能就这样原谅你的鲁莽
当真相如湖底玛瑙般闪闪发亮

五

在十八岁的春夜里啊
我的难题是
如何将那些荒废了的旧事
逐次放好,并一一封存
然后将它们缀上无垠的星空
在灰色的人群之中
如何葆有一个火般炽热又冰般冷漠的
灵魂

断　章

——那么,我今夜的全部堕落
到底起源于怎样甘美的诱惑

让我们并肩走向前方未知的路
途中的障碍我会一一宽恕
让岁月的风轻轻律动
而温柔的话语逐渐加重

若是你喜欢
可以把我的一生都放进诗里
春天来时如梨花纷飞
潮水落时似浪花雪白
这一路深深浅浅的悲欢啊
终将如夏夜星空般灿烂

可是,这仅仅是幻想而已
当梦已醒,繁华已凋零
在那遥远而谦卑的源头之上
恕我,恕我只能留给你一颗冰封的心

烟月·殇

无言歌

细雨中
花开,花又落
你轻怯地走来
又将轻怯地走过
如,一首委婉而仓促的
无言歌

山　月

只有那山月啊
只有山月以其永不改变的容颜
静静诠释着悠长的寂寞
秦淮河,长安陌
一千种理由就是一千种承诺
我迷醉于尖叫的蝴蝶
和,粉色的雪

焚

入夜,月色皎洁
含泪将那三百篇墨迹未干的诗
纷纷投向烈火
酒,胭脂色
痛,与谁说

物 展

千年的等待终于如昙花般谢落
我也被锻造成一个陌生的我
为什么美丽永远被错过
而能留下的,仅仅是一些
零落残破的,陈列

四 季

一

春暖花开,或许
冥冥中一切早就有了安排
你从人群中缓缓走来
吻去我颊上那滴晶莹的泪

二

红尘滚滚
所谓十六岁的青春
就是在暗夜的花笺上
描摹出雨般湿润,烟般朦胧

三

如此,每当风起的时候
我就会束紧那被泪水洗得泛白的衣袖
只为,残月当楼
终我一生也无法道破这层悲愁

四

而潮涨潮落
历史只是梦醒后一次无心的错过
朋友啊,在冬日荒寒的高山之巅
我是一块极其冷酷的,熔岩

异 变

那么,有很多的事恐怕我们已无能为力
有很多的果实我们也只好放弃
曾含泪一笔一画记下的点点滴滴
此刻,也只能拱手让它们随风而去
还这个世界初始的宁静与华丽

默认,转身
再投入人群纷纷
无须回首
自意念复苏渴望重生的全部理由
自人生路遥,我们相互决不再惊扰
自伪装蜕变后那颗近乎于冷却的心
自生生世世,天荒地老
我们亦决不会言归于好

如此,这人生将变得没有烦恼
所有的企图与试探都将没有必要
而记忆也会逐日蒸发
孤独将成为这个躯体最惟美的
升华

子夜歌

一

散开，凝聚
让我知道，风流已属过去
那横塘路，桃叶渡
皆已遥遥谢幕

二

夜晚的星空总是如此诗情画意
而时光却以无情的背影将我遗弃
陨落如同飘絮

三

让我们沿着时光的足迹
缓缓追溯那些属于过往的幽微本质
以及，那一首首传唱了千年
却，一直佚名的诗

四

我本不愿再回忆
可究竟什么才是忠贞不渝
什么又是死心塌地
二十年漫长等待之后

什么又是不离不弃啊

而纵然为你流干所有的泪

苦涩终需自己回味

五

那么,不管庄生梦蝶也好,蝶梦庄生也罢

今夜我确已心如磐石

任亿万年风吹雨打日晒,也都能

岿,然,以,对

月圆之痛

——我反复触摸，那温柔横梗在记忆中的枷锁

你我已成陌路
再令人为之晕眩的答复
也只能是一种没有具象的痛苦
爱的火焰熄灭
如风中翩翩坠落的蝴蝶

鸟喧，花静
我安然接受属于我的宿命
安然接受时光的遗忘
时光的，埋葬

而每逢月明如水的晚上
我会将那些早已风化的忧伤
重新展开，重新温习
然后，再将它轻轻合起
按照原来的痕迹
重新珍藏在无悔的昔日的
心底

残　局

时光过却
只剩下，你依依可辨的轮廓
在前路未知的风雨中
冲刷，剥落
我不禁要问
究竟是谁酿的错
是谁，种下的苦果
让我们一再地跌入原始的落寞
究竟是谁的罪
让爱美得趋于浪费
（悲剧刚开始，而结局
尚在意料之外）

余生，当我们迎面擦肩而过
匆匆一如过客
我也许会故意将忧伤的来源
嫁接到光与影的反射和交错
无关承诺，无关结果
而究竟是谁啊
规定月必落，花必谢
而悲哀，总会逾演逾烈

命　运

——我已心如止水，因此，无怨亦无悔

谜题一层一层地揭开
故事将由高潮逐步走向结尾
曾自始至终伴我为之动容的眼泪
终于也在落幕的瞬间坠地而碎
尽管，这样的结局我早已预料
这样的多情委实没有必要

我的心如止水般澄澈
只因对你的每一寸渴望
已在浪潮的洗涤间完全褪色

朋友，在冬日荒凉的故土
我是一棵被弃置的针叶木
有些记忆早已被禁锢
所以，任我一生，任我一生啊
也都无法再碰触

荷的悸动

告诉我,所有谦卑的付出
都只为了能够庄严地落幕
告诉我,所有唯美的呈现
终于也会走向结束

曾那样让我为之着迷的幻觉
那样让我流泪的风花雪月
在此刻看来,也只能如
傍晚沉沉下降的暮色

我如深植在宫廷里的满池荷花
每一屡春风都有可能让我
一触即发

那么,我也许会选择忧伤以终老
生命只是在废墟之上强颜欢笑
而你,则是那不得不
焚烧的,旧稿

版画

将我所有的激情与狂欢
天真与浪漫
都紧紧系在那条紧绷的丝线上
如果思念是那迎风高翔的筝
你必是从我身边轻轻溜走的云
每一擦肩
都会留下无可避免的伤痕

而今夜,就请你如实告诉我
你之于我,是怎样地不舍
何必遵循什么旧典陈规
让白昼与黑夜停止轮回
四季粉碎
让所有曾闪烁过的美丽片段
都在瞬间湮埋
只剩下遗漏的时光的尘埃

从敻古的神话里你缓缓走来
告诉我你已是如何地疲惫与劳累
然后,你会温柔地揽我如怀
让我们就此沉睡
在梦醒之前

你会清晰记着我们还未实现的诺言
清晰,记着我羞怯的容颜
直到将它们刻入铜板
而每一刻痕
想必你都极为,极为爱怜

弃稿

我已为你准备好了饯别的金樽
只待你出场自由地吟咏
他们说,多情自古伤离别
却无人知晓
埙调的苦涩源于离人的失落

只想着所有的一切都应该极其华美
却忽略了故事该怎样结尾
我无法重新删改情节的来龙去脉
以迎合你怠倦的口味

极愿,如隐者般居身世外
悟却何为空,何为醉
(我会不会眷恋这人世苦海
会不会,舍不得这满园本不该盛开
却还是盛开了的芳菲)

而如果什么都不曾发生
四季没有分明,田园尚未开垦
我们的昨日只不过是一张
写意的清晨
那么,若我真的、真的要忘掉你
恐怕一切还都来得及

忧伤的原委

让我相信
亿万年时光的寂寞等待
只是为了见证今夜各自的悲哀
让我相信
三百篇尚未署名的诗
仅仅起源于一个古老的夏日
和,一次无心的相视
让我相信
忧伤可以丈量
月光可以疗伤
而星星,可以复述你我的过往

我爱,正因为我易于相信
所以才中了命运布下的层层陷阱
在痛苦撕裂的灵魂深处
我化身为千盏红烛
希望点燃自己以寻找来时路

尘封的秘密

这个世界已不再是绝对地温柔
所有的欢乐都纯属虚构
亲爱的朋友
恕我无法给你一个满意的借口
无法,停止向生命索取种种荒诞的理由

我会记得你当时的潇洒
即使隔着如许韶华
想我们曾在水草丰美的河岸边
温情缱绻
度过一个又一个浪漫的春天
想那燃烧了亿万年之久的火种
依然孤独地凝望着黑暗的山洞
而眼看希望之花逐日断落
最后窒息
我们却无能为力

列蒂齐亚
有谁能在月明星稀的晚上
紧紧守住这个古老的秘密
在奔驰着不断变幻的岁月里
坚持将她,永不提及

沙漏

你把期盼捎给沉睡的云
我让思念来装点易于害羞的彩虹
休要责怪时光的黑手
让我们无法再回头
生命之所以如此顽固与荒谬
只因我们本身就是一个永不停息的沙漏

于是,在惬意的梦乡中我悄然醒来
告诉你这封存了十年二十年隐痛的原委
并且坚持微笑着对你说
今宵月色真美
(想必你也不会反对)

而在南国温暖的如初恋般的七月里啊
我夜夜聆听
那来自繁花深处的绽放与凋零
用、心

无奈的心

那么，我到底还能说些什么呢
当月光洒满雨后的山林
那些说出或并没有说出的话语
都已沉静
这林中有你抹不去的潮湿的背影
有我，渴望得到
却未能如愿的那份憧憬

那么，我到底还能做些什么呢
命运给我的馈赠已是如此丰厚
为什么依然无法满足我渺小的渴求
只想把这段没有结局的感情
交付给远去的溪流
若是在那羊齿的三岔路口
你并没有，并没有
驻足回眸

木偶戏

序幕

往往疑云重重,布满矛盾
海与天融汇得如此深邃
光与影交织得如此暧昧
待尘埃落定,戏正上演
你却忽然宣布自己不得不弃权
因花落,因离别
因,剧中那轮无言却一直在场的
上弦月

我无法微笑着以优雅的姿势谢幕
就像无法选择前方未知的路
当人群散尽后,才惊觉
你我原只是两具情神麻痹的木偶

而,到底戏如人生
还是,人生如戏

控告词

往往一开始我们并不在意
于是,错过了花期
又要错过滚烫的春季
往往到了最后的最后
我们才能够蹒跚着相遇
而一切都不复昨日
我无法以娴熟的演技
来面对,一个崭新的
你

安慰

习惯于用虚伪华美的辞藻
掩饰自己的脆弱
习惯于,用酒精填补寂寞
白昼时曾精心梳理过的线索
终于要到此刻,才能逐步衔接
而年少时的天真与狂喜,挣扎与努力
都已止息
那负伤的鹰
也已投入,黑暗的孤寂的森林

从此去,所有的赎救都为时已晚
山岳暗暗
你的目光是一支冰冷的白翎箭
我的身影如一只南迁的雁
渴望你凌霄而来
将我刺穿
坠入,坠入荒草丛间

哑剧

没有必要去深究故事的虚构与否
没有必要,让我启口
此刻再来向列位苦诉衷肠
想必已成奢望
列蒂齐亚,我所能做到的
也就只是,就只是
把我的忧伤
铺展成一段静谧的时光

请不要因为我的表演而流泪
也请不要
因情节的步步深入而心碎
透过华美的戏服与脸谱
我有着常人无法感知的痛苦
无法,言喻和穿越的
孤独

复古的爱恋

一

无法宽恕自己的轻率
无法,忍心将你拒之门外
于是每每春回
我只好化作满树羞涩的桃花
迎风笑而不答

二

捎你一朵西天的晚霞
即使现实变成古老神话
争战失利如塞外风沙
亲爱的,我始终是那营前的昙花
朵朵都有对你的牵挂

三

你驻马在堤岸边
我藏身于莲叶间
因寻我不到,你失望地离开
而当我姗姗出来时
你已不复存在

四

那么,当他们都说我像一朵瘦菊
恐怕已不足为奇
在千丝万瓣的花朵之中
有过多少个弹着箜篌的女子
曾向过往一一俯首
向,种种迟来或早退的错过
致酒

五

而时光并没有就此终止
生命只不过是换了一首凄美的诗
在金陵十一月料峭的寒风中
原谅我不辞而去
水与火的爱注定要相互背弃
这只不过是历史所没有坦白的事实
诗中亦不愿承认的秘密
朋友啊
这只不过是一树寒梅
在春来之际
竭诚所能做到的
全部,与,唯一

若是你允许

森林可以描绘得极为简陋
若是艺术允许
四季可以编织得极为锋利
若是诗歌允许
往事可以阐述得极为暗淡
若是人生允许
命运可以安排得极为残酷
若是灵魂允许
我们可以就此永别,重返原始的寂寞
若是爱情允许

至爱的人啊,若是、若是你允许
我可以让每一颗星星都华丽璀璨
让每一夜的月亮都圆满婵娟
让湖泊干涸,玫瑰谢落

若是你允许
我可以含泪凝聚成一粒悔恨的种子
劳烦北上的季风将我带到
极冷极远的地方
让我长成一株孤独的扶桑
就是在滴水成冰的环境里

也能坚持着永不见阳光
永不沾，忧愁的海洋

葬　爱

——那么,为什么我一定非要把你忘记
当我们的回忆还正如
鲜花般历历在目

之一

就是在这样一个因落泪而微微湿润的夜晚
年轻的我们曾挥手别离
而沧桑十年之后,我重返旧地
一切都只因为我依旧深爱着你

之二

摘上几朵风信子吧
那满是相思木的山冈
就是埋葬我们爱情的地方
拾级而上
山风袭我以沁人郁香
却无人知我今宵的失望
已经忘了分手后你的去向
只记得走的时候洒了一地月光
月色如水,如梦,如我的忧伤

之三

含泪，将你羞怯的面容
冰凝在夏夜无垠的星空
而每逢有月亮的晚上
就会掀起我次次春回的惆怅

迷 途

总有些什么已换了模样吧
尽管,次次春回
那满是栀子花香的山坡上
依然还会有往日的芬芳
尽管,每一个夏季
也会重复那相同的焦虑
可总有什么已不复当初了吧

在山中,在拥挤的市街前
在每一个仓皇逝去的夕暮
我频频驻足,回顾
向着人群深深处

采莲女

原来,所有的回忆
都是一段不可磨灭的印记
都只为了
好在多年后可以重新相遇
心中的激情如莲花般跌落
曾那样执着的爱恋
终究是一场徒劳的努力
亲爱的朋友
就是在这么一个花香四溢的夏日里
年轻的他
从此打马而去

月落之后

我知道,在月落之前
必须收回曾为你许下的种种诺言
我也知道,此刻风里云里
所轻轻流动着的暖意
必须在月落之后统统放弃,统统忘记
所有的挣扎与留恋
必将在酒盏的碰撞之间
裂成碎片
一切空余恨晚

我爱,让我为你满斟此杯吧
为繁星如此光华绚烂
为你不知所措且无可奈何的容颜
为,月色婵娟,光阴荏苒
请你将我拥紧吧
虽说这林中有如许月华
可谁又能保证我不再害怕
为什么曾播在我们胸臆间的愿望
久久没有开花,皓月西斜
无人能给我一个满意的解答

请、请让我们满饮此盅

为时间就此停顿
也为我们仓促远去的青春
请你牢牢记住这张凄美的面孔
牢牢记住,这颗
欲碎未碎的心
只为从此以后
它将不再如今夜般透明

那么,再向你坦白心中的不舍与低回
恐怕已是奢侈和浪费
只想把这段无言的爱
谱成一首无言歌
在每一个类似的春夜里啊
唱给山月,唱给溪河

复仇的海洋

无法停息心中的悲愁
无法终止脚下溪水的奔流
列蒂齐亚,我深知
纵然将我的忧伤延展到极至
或者,将我的痛苦转化为欣喜
我们终究是两条相互背弃的轨迹
终其一生,也无法
再相遇

曾携手并立过的港湾已恍如泡影
记忆深埋在海底便成灰烬
而多年前曾画下的问号
终于,要等到今夜方可揭晓
我的泪是一波一波前来的浪潮
每一次涨起和跌落
都会让岸边的你倍感惊慌与错愕

遂、含泪为我们编织一张永恒的心网
好能紧紧锁住昔日的
甜美时光

假设

你是那棵开在冬季的花树
我必是你枝头上醉人的芳馥
假设在每一次盛放与凋零的边缘
忧伤还不曾前来试探
真相,也还未显现
或许我将会有另一种人生,另一种
悔恨
假设在我离枝之前
你稍作流连
在我乘风远去后
你稍作些许的,回头
那么我们就可以从容抉择
一切冷漠与热烈
蹉跎与坚决

在时光的岸边,我就可以
化成一朵歉疚的冰雪
再流入歉疚的江河
而那远方的海洋啊
在沉沉下降的暮色中
波,光,四,射

最后的茉莉

(要多少虔心的渴望与期盼
多少,毁灭与新生的铺垫
才能造就出这样一个迟来的沙岸
要多少温暖的白天
多少寒冷的夜晚
我们才能够,双双上岸)

当风转冷
夜的罗幔逐渐凝重
当我们仅有的思维已不再从容
而每一次举手与投足
都显得极为迟钝

这孤寂的海岸上啊
只剩下几朵苍白的茉莉
在风中细细低诉着我们的过去
于是,我将我的悲哀藏入心底
而对于年轻的爱啊
自始至终我就深信不疑

古离别

其一

不愿看到那张满是泪水与不舍的脸庞
不愿,让最亲爱的人离开的时候只披一袭月光
所以,我把离情捎给渡头杨柳
捎给,那艘泊在心间的小小扁舟

其二

想不到我们的离别也可以如此动人心魄
一样的风度翩翩楚楚留香,一样的笑靥
足以羞花闭月,而残阳似火胭脂如血
遂轻吹胡笳缓拨琵琶邀你上马,腾起万里黄沙

其三

菖蒲花丛蒹葭重重芦笛深处开尽芙蓉,败尽芙蓉
千年来有多少个少女在水边曾有过多少次相似的心痛
到头来却还是空余高阁危楼,佳人独伤春
而时光一去匆匆,空余烟浓雨润浮生若空

追悔

终于,所有的渴念与追溯
都已,于事无补
曾那样精心策划过的青春
那样,认真构思反复描摹过的蓝图
终于也要在此刻
宣布结束

余生,我们将一去陌路
一如深海里微微发光的珊瑚
虽然能够照亮彼此
却再也无法,再也无法
如今夜这般相互爱抚

朋友啊
在漂泊的船上我找不到忧伤的来处
海浪拍击着你的痛苦,我的孤独
而日西已暮,日西已暮

诗的价值

既然模式早已既定
那么,再努力的转换
也只能徒增结果的悲剧性
让我们就这样搀扶着走下去吧
如果连同星星都背叛了你
相信还有我,还有我
依然会守护你到天明

花开花落,生命也可以这样
在平静中寂寞度过

可是,不眠的春夜
及早地泄露了我的悲伤
繁华湮灭,庞贝遗我昔日的辉煌
而我如楼兰城里的那位美丽新娘
还未亲尝到所谓的幸福时光
就已被,永远尘封在
无边的荒凉之上

而写诗到底有什么意义呢
纵然刻画出你的肖像
却还是难以描摹你内心
极深极久的,彷徨

蝴蝶物语

——在金色的茧里,你好像答应过,要给我
一份绮丽的感情,一个关于真爱的,承诺

若所有的等待
都只为了,金风玉露那一相逢时
所绽放的芬菲
而所有虔诚的追寻啊
也只因为,我为你而存在

那么,为什么不能让这绚烂的双翼
在一瞬间,为你盛开

若所有的苦难都是因我而生
所有途中的埋伏与障碍
也都是我亲手栽培
我如何能不爱你此刻的憔悴
如何舍得
让你独自触摸那份,悲哀

若、若所有的苦果都起源于我的贪婪
所有的悔恨也都因为我的背叛
让我蜕化为一具空虚的茧
无关爱恨,无关缠绵

烙 印

只因,有许多事我们并没有十足的把握
就像沧海居然也可以沦为桑田
昔日喧哗的古城楼兰
为时也不过千年
而上古的三叶虫
竟现身于最高的山巅

所以,我不得不含泪
将一切美与浪漫
永远定格在一瞬之间
好能让我,好能让我
在不断变幻的世界中
时时葆有一份最初最初的,卑微的
温暖

情 伤

有些结局总是在很久以前就已被注定
尽管,可能需要千万年寂寞的祈求与等待
才能逐步成型
可是,你是知道的
这并非我想要的剧情

当月光终于爬满雨后的山林
而迎风带着月华的露珠有如泪般晶莹

你频频驻足,回看来时径
说吧我的爱人,说你真的很爱我
我努力地喊着,喊着
可山谷投我以沉静,终无回音

或许,有许多事从一开始就已注定
我只是那一段被遗忘的回忆
那一朵,被弃置的
美丽

夜 戏

在突变来临之前
难道我们就没有丝毫选择的余地
那么多镌刻在记忆里的甜蜜
那么多情节的重叠堆积
难道此刻,必须全部放弃

当灯火与音乐戛然终止
人群散去
而原本就空阔的舞台上只剩下我自己
请原谅我早已忘了
余下的舞步和台词,泪光迷离

可笑如我啊
为什么非要固执地以为
这是一场永远也没有结局的戏
当我,已不再是
那个倍受宠溺的女子

禁　果

阅尽红尘哀怨
蓦然回首,才发现
在成长的过程中
有些东西并不可以轻易碰触
一如那悔恨的果实
那十六岁的阳光,以及
五月的风

我是决心不会再对你动容的
如果在那满是野百合熏香的林中
所有惶惑而又懵懂的情愫
还都未曾启用
而单纯的我也能够及早理解
关于幼小羞涩的初恋
古人早已有训

那么,在你以迅捷的速度偷吻我之前
我将决不允许
并且,极力抗拒

退 让

我也不愿意这样
可是阴谋与冲突不断交织
迫使亲爱的你离我而去

含着泪,我只好驾一叶轻舟
在湛蓝色的梦里
翩然而去

困惑

忘不了的，是山冈上
那轮永不褪色，永不老去的月
剪不断的，是生命里
一次又一次，春回时的隐痛与失落

我爱，在这长长的一生当中
都有些怎样的悲喜
怎样的曲折
或怎样动人又美丽的细节

啊，亲爱的朋友
在这短短的一生当中
向我前来的，到底又是
到底又是，怎样的、困惑

——2005.07.01

遗憾

——当我们的距离已需要光年来丈量
那么,再远些又有何妨

不是所有的蝴蝶都会变成精灵
不是所有的诗都来得及成为星星
你我的缘起
也只不过是一场寂寞的流星雨
最终也要沉入阴霾的海底

流年似水
千年后我蜕变为一株带泪的玫瑰
而那永远没有上演,也没有
同台过的悲与欢
终将如青春般一去不复返
不复返啊

梧桐月的秘密

就这么微笑着挥手道别吧
再娇艳的花朵
不也终有,凋落的时刻
何必在意什么红尘寂寞
一滴粉泪,几曲清歌
写就人生几何

我爱,而每逢有月亮的晚上
我会含泪将你,冰凝在
层层结痂的心中

一层有一层的甜蜜与幸福
一层有一层的悲哀与痛楚

独角戏

红尘散去
一切美好的,或是
悲哀的,都已止息
短短的生命里
还有什么可以经得起
岁月那一次再次的
删阅与淘洗

我原本只是一个孤独的角色
风烟过后
理应重返我原始的
寂寞
而我已无泪,无恨,亦无诗
属于我的,仅仅是一些
沧桑的记忆

牧羊女

我相信,岁月纤细而又缓慢的成长
起源于一种古老的埋葬
我相信,夏夜那无垠的星群与月亮
所释放的耀眼光芒
我也相信,若是我们就此停止爱恋
那么,总有一日
我们会将彼此深深遗忘

缄默该如眼中的泪光
倒映着成群牛羊
在那广袤无边的草原上
我身披一件粉红色的裳

蓝天,碧草,白云
谁知我今日内心的忧伤
距离我们的爱情那样悠远绵长
忧伤在马儿奔跑的途中
宛如一抹淡淡的、淡淡的
斜阳

悼

不要只迷恋我
此刻馨香馥郁的蓓蕾
我永远是一朵
带刺不可触碰的玫瑰

欢悦总是在悲哀的坛中发酵
负伤之后,请容我
容我致以极其疚愧的追悼

十里长亭啊
为什么美丽永不会长久绽放
而忧伤,总会抢走
我每一种卑微的渴望

风筝四章

前　奏

首先,必须要有足够的渴望
足够的热情,以及
足够成熟的旷野之风
才能点燃,此刻我心中那翱翔的鹰

放　飞

如果说松手是为了成就一只筝
生命的全部意义与辉煌
那么,在这金色梦幻的国度
放手是不是也可以让彼此不再受伤

断　线

若果真是这样的话
我宁愿去做一只断了线的风筝
既然蓝天与白云是我最终最后的情人
那么,就算是死在他怀中
也是我至高的殊荣

坠　落

终于有一天,风停了
天下起了滂沱大雨

我托着沉重的双翼
缓缓坠地
上帝的吝啬在于使一切短暂的
都染上一层虚伪的美丽
亲爱的,你是那无边的忧郁
是那,斑斑落雪的回忆

距 离

他走后,林中就泛起了山雾
所有的喜悦仿佛都在瞬间凝固
她并没有哭
时隔三年,他忽然重返旧地
一个俊秀如初,一个美丽如故
恍若来世啊
为什么一切都已形同陌路

今宵,也不知是几月了
总觉得应该是十五
透过那醉人的月光
他隐约窥见她脸上
似乎蒙着一层薄薄的忧伤
列蒂齐亚,她的忧伤源于
岁月的沉淀和青春的幽怨

因此呵,明明两人只隔着几小步
可是在他感来就像是一道荆棘丛生
无法逾越的,险途

错误

在南国的春夜里
时常,会有一个身着粉色蝉衣的女子
孤独地跳着一种神秘的舞
纵然月光灼伤她明秀的双目
寒气沁透她每一寸如雪肌肤
她始终
始终,从容如初

自最初最初的回顾
到最后不得不为此驻足
整个过程,她坚持从容如初
而他,却在某一膜拜的转换之中
制造了一个美丽的错误

悲情戏

用轻柔的语气唱出这段咏叹调
阴谋背后我向你俯身祷告
而在无数个黑暗的噩梦边缘
是什么,让我如此心跳
诚愿,化一束你坟头上的长青草
以我的青翠掩饰你的苍老

那么,我们已别无选择
只有在别人的故事里
重复温习自己的哀乐
重复,将自己卷入那一次次怨恨的风波
而在错过之前
你无缘知道啊
我曾等得多么寂寞,多么
执着

忏悔录

那么,在你转身离去之前
我唯一、唯一所剩的遗憾
也就是,该如何忽略
你曾对我许下的种种诺言

在心中撒上一抹冬日的暖阳
就会在春天结出一种名叫爱情的惆怅
我赞美这份原始而又甜蜜的时光
正如我诅咒敏感与怯懦
纵横撕掠着我们原本单纯的梦与理想

那么,在你转身离去之后
我为什么还要蹉跎着流泪
在那个满是花雨纷飞的年代
应该也有同样的心声
向着年轻的爱,深深
忏悔

诉衷情

人人都说
此刻的我应该是多么的幸福
多么知足
殊不知
我脸上那逐日晦涩的痛苦
内心翻滚沸腾且徐徐膨胀的孤独
在人来人往的市街前
花开花落的山道旁
我找不到来时路
茫然四顾
在被时光镂刻得支离破碎的暗夜里啊
有我的魂魄在哭

琥 珀

悲伤总要深植在落雪的胸膛
加上岁月精细而又温柔的储藏
雨雪和风霜所特有的陈酿
才能幻化出
这满是疚恨与无奈的模样

以一滴眼泪的形状
意外地，出现在你身旁
那碎裂的声响
发自我微微轻颤的心房
未曾有过丝毫提防

让时光记载爱情唯一的方式
就是将我们的故事织入琥珀
亿万年之后
有人小心地掘出它时
仍然、仍然会有如初的光泽
可是没有人，没有人会知道
我们那爱情的经过与结果
以及，那一夜
你眼中曾隐隐闪烁过的
星和月

蛾

若,你是一把盛夏的野火
那么,我必是那只
环绕着你飞旋的蛾

明知自己的追求将是必死无疑
却还是要,还是要
不断地展示
我那小小的激情与颤抖的喜悦

桅船纪事

之一

让我们扬帆起航
莫管星辰所指引的方向
让我们在灼灼星群下
携手驶向远方的海洋

之二

其实,一切错误
都可以,在月光下宽恕

之三

而在暴风雨袭来之前
我将努力绕开礁岩
并在灯塔与北斗星的相映处
找到我最终的归宿

顿悟

岁月的武器是一阵凛冽的风
所过之处无不都是伤痕
而我对你的思念
则是一片初夏的云
清风拂过时
便散作漫天烟雨蒙蒙

不再，只做一个童话里的小公主
我也应该，留恋这人间的滚滚红尘
不再演那个倍受宠幸的角色
既然你是一个值得深爱的人
那么，我将不惜一切爱与恨
陪你走完这孤寂的一生

蝴蝶的眼泪

(从来就没有任何一种花
可以逃过岁月的凋谢
所以,请你将我裁成一只永恒的蝶
永远驻守在极北极冷的大漠)

在蜕变的过程中
没有什么值得去流连
也没有什么,值得我们深深遗憾

亲爱的朋友
当春来,万物熠熠生辉
蓦然回首,那晶莹如冰雪般的
并非清晨园中的露水
是我,伤心而落的
泪

落雪的极短篇

之一

仅仅一夜时间，就已
布满原野，染遍山川
我们的爱情，是否也能够
在一夜之间，重返从前

之二

原本，也有着珠泪的模样
只因冬日极其荒凉
才得以用花的形状
把我们那样寂寞的世界
嫣然点装

之三

试着将我们的感情埋入雪中
借以她纯洁完美的精魂
想冰消雪融
一切爱的阻拦与纠缠
都将消失得，无影无踪

青春的禅意

在平静的海面上渲染出茫茫烟雨
以此,来见证我们爱情的禅意
而在记忆颓废的荒园间
索性留下我逐日悲苦的诗句

合手默栽一株苍白的菩提
请你、请你原谅我并没有逃避
我所做的,只能算是隐匿

年轻的人啊
青春本是一篇永远都写不完的序
永远,也没有尾声的结局
而我们的笑语和哭泣
本只是一个个渺小的字迹

古堡

昙花总是喜欢在夜里悄然绽放
只可惜人们无缘欣赏
有一种爱情,竟也如昙花
阴错阳差,总是错过最美的时光

今夜,雾雨迷茫
映照着你眼中不可显露的的怅惘
带泪不可抵挡
浸湿我一页又一页斑驳散乱的诗行

古堡里那个美丽的公主
想必,此刻仍在等待她亲爱的王子
一如千百年来,这里那里
到处流传不已的故事一样
想必,仍然缠绵而忧伤

昙花的情诗

之一

从不敢浪费一束月光
在贫寂如水的海滩上
我努力地生长
那小小的谦卑的心灵啊
从未疏忽过每一分秒的绽放
每一绽放中所释放的暗香

之二

既然我的使命就是在最短的时间内
获得永恒的爱
那么天亮之后,就是马上枯萎
我也毫无所畏

之三

唱一支歌献给我的爱人
献给,那黑夜边缘的第一道破晓
用我最为热忱的歌喉和语调
迎接他即将来到
轻轻地,他拥我入怀抱
我投以羞怯的,一笑

祝酒歌

亲爱的,让我们一起举杯
为今夜你眼中难得的明媚
为那无数个日夜里急切的等待
以及,失望之后深深的无奈
让我们一起举杯
一起,让酒精把彼此麻醉

亲爱的,让我们一起举杯
为了你的疲惫,我的憔悴
为这孤影,这清辉
让我们一起举杯吧
举杯,向着年轻的爱

我也许会选择在你喝醉时
悄然隐退,且
一去不归

悲哀总要在寂寞的胸怀,缓缓破碎
我流出最后一滴冰烈的泪
岁月在我灰色的记忆里注满尘埃
往事不堪回味
在感情日渐桎梏的伊甸园中

有谁可以阻止这疯长的悲哀
正如秋日山野间的荒草一样
爬满我沉睡的心扉

承　诺

原以为，在树上刻上一对名字
就可以永远铭记这一时刻
原以为，在彼此的心间
播上一粒种子，就可以
收获一个温暖的季节

花开花落，不幸的我
最终还是忘记了
那些个遥远的月夜
纵然，年少时的相思木上
轻轻流动着
一行，极浅极淡的
承诺

千年的愿望

(一切似乎都已终止
星星暗了,月亮淡了
遥远的爱情也被蒙上了
一层厚厚的白雾
只有几页微微发黄的诗笺
默默诉说着故事的幽怨)

时间仿佛过了一千年
一千年,不知有多少令人坠泪的画面
多少,区区折折绝世之恋
一千年啊,这是一个动人的谎言

往事成伤
我疲惫地站在黄昏的港口上
夕阳捻碎了你斑驳的泪
沦落星霜
从此去,每一个月明星稀的晚上
你都殷勤为我歌唱
为我们,满是遗憾的时光
举杯,并,守望

悲喜剧

不管生命怎样曲折迂回
爱情又怎样令人悲哀
故事一旦开始,再任我如何挽回
也只能留下更多无奈

当然,你可以重温那些被岁月
洗得发黄的古老的爱
但,如果你执意要在这芬芳的季节里
微醺微醉,执意
要为我们相似的命运而流泪

那么,让尘封的心从此再冷却
让我化作一杯新醅
然后,再将你无情灌醉
我想要得到你永远永远的爱
所以,请让我站在最遥远的地方
俯瞰故事美丽的结尾

(仅此而已,我将终生不再后悔)

传奇

当生命里那些动人的细节
不再清晰，不再
任由它自由地来去
当燃烧了一个春季
又一个春季的所有渴望
终于幻灭，终于
不再起一丝细微的狂喜

我也只是静静盼望，静静搜寻
那些逝去不可再重逢的心情
只为，此刻你若一转身
所有的梦幻都将破碎成泥
所有的美丽都将离我而去
而在你我受伤的心中
那如火如荼般的回忆啊
都将成为传奇

时光的忧虑

——青涩的时光已不再重回
重回的，只是一些青涩的记忆

我喜欢，一个人静静地
坐在初秋的阳台上
静静地缅怀那些过往时光
我喜欢，用一生一世
来编造一段唯美的故事
甚至，谎言
（自始至终，不需任何删除
任何，过渡）

可是，故事总有结尾的时候吧
梦醒时分
总会留下那么一点点
或多或少的心悸吧

朋友，我是那一朵泣血的萍
随时等待着，秋雨来临

邂 逅

还是初次相逢时的那个十字路口
山峦依旧,绿水长流
不同的是,我眼中新添了一层薄薄的哀愁
哀愁在你迟疑着欲走的时候
终于,忍不住泪水凝眸

(有些东西一经启口
就没有再回收的理由
所以,我要求你用一个晚上
来补偿,余生所欠我的一切爱与忧伤)

让我的心沿着暗夜深处未可知的光点
逐步去探寻,那些如珍珠般散落一地的
虚伪动人的吊唁
逐步,深入所有叛逆与背弃的边缘
所有,痛苦与矛盾的根源

他们说,往事会如同酒一样
越酿越醇
可有一种思念非但不会酿醇
反而,越酿越痛

长 歌

山中，午夜
林涛夹杂着隐隐泉响
遥远的天边
似乎还有几盏蓝色的灯
时暗时亮
不，那不是灯
是守护黑夜的点点星光
明月宛如一滴晶莹的泪
安谧地挂在你略显憔悴的脸庞

你说，让我们私奔吧
或是殉情，你也愿意陪我

你这么说着，却是一贯的面若冰霜
我无法从你眼中读出任何渴望
因此，我只能极力掩饰心中倏忽的狂喜
却决不敢，决不敢迎接你那幽幽目光

忽然，有种热热的东西涌出眼眶
溅湿了我洁白的裙裳
那不是月光
尽管，它有着一样的触手冰凉

你微微捧起我满溢着泪水的脸
我却在不经意间发现
躺在你的臂弯是多么香甜,多么
温暖

祈　祷

——读《诛仙》之后

冷月高悬
投我以清影孤寒
我知道,我们是正邪的两个极端
所有恩怨与缠绵
最终,都会付之于无情之剑

胭脂寒,行人散
无法释怀的,仍是你那
仍是你那,扑朔迷离的笑颜

于是,我才甘心去做一个叛逆的女子
为了心中冰封已久的爱恋
请让我与你为伴
让我们,结一段宿缘
然后,再把那些有关于爱的字眼
逐一封锁,直至冷淡

而月如水,水如天

回首时的心情

当与你再无重逢
当时光,渐渐隐去
谁都不知道我们还有过一段美丽的往事
我也没有什么好怨恨的
人生本来就是一场分分离离的悲情戏

(只是,我不知道该如何面对
那些春花般静,秋月般明的
昔日的欢乐)
在这个丁香花落的忧伤季节
每一次极细极微的追溯
都将触痛我心中那极其隐僻的角落
而明知道这都是些无法兑现的许诺
为什么还要一次再次地奢求呢

吾爱,在流浪的途中频频回首
频频,微笑着把过来的街景一一印证
就像我们的初恋
只有在回首的刹那间
才显得,无悔亦无怨

难题

若所有的故事
都可以，重新开始
重新，让上苍把我们安排在一起
若千山万水，我寄给你的
不只是一颗被风化的心
那么，此生相遇
我们就可以同饮
一样的潮汐，一样
绚烂的四季

斯人如旧，月华如水
他们说，爱情从来都是由甜蜜到悲凄
不管我所扮演的是什么角色
再长久的曲折和反复
最终也只是一场孤独的征途

而几十年之后，我们必将双双老去
(总会有那样的一天吧)
那时，有谁还能够见证
被遗忘在历史洪流中的长相守
被我们弃置了的
种种晦涩而又甘美的，哀愁

写给青春

——这世间有一种心情来过了绝不会再来

在丁香花快要谢尽的清晨
年少时曾日夜渴念的时光
终于,回来了一次
而在梧桐叶即将落尽的秋日
你终于、终于向我道出了
心中的那一个字,尽管
来时的你已有些形容憔悴
且,沉默无语

可这一切似乎确实安排得太迟了
在那个遥远得不可回溯的季节里
当所有的一切都匆匆老去
我知道、我很知道啊
我们终于
终于不可能会在一起

叛

——终于,我看不清你的容颜,听不懂你的话语;终于,你被我深深忘记,不复回忆

当最后的一支红烛终于熄灭
最后的一杯美酒终于饮尽
我也终于醉了,终于
不再对你葆有一丝如初的爱意

而在黑夜幽暗的角落里
无论你以一种怎样的眼神去看我
怎样的心情去挣扎
我始终是不会苏醒的
就像一座永不回头的沙雕
始终,不会对你起一丝如初的爱意

我想,大概也只有如此了

悲　歌

如果爱情是一杯永不能替代
永不能启口的醉酒
那么你我便是，这杯酒的
所有欢乐，所有悲愁

可是，这世间哪有什么
不散的筵席，不憔悴的手
到了最后
所有的一切都将消失殆尽
他们说，世间种种就是这样
是啊，谁说我们必须厮守
爱，才能得以天长地久

而在极远极远的塞外
当百草凋敝，霜冷长河
那该是怎样的一种情景呢
而我，却只能站在日落未落的草原上
唱出这首千年不变的
悲歌
（琵琶风雪，羌笛明月）

初 恋

是那一首还未经思索
就已桎梏了的小诗
还是你如花的笑靥
暗藏不住羞怯的矜持

悲莫悲兮
而当多年以后,再回首时
才发现,我们曾精心编织
努力营造的爱情
只能是一些无法整理
无法,挽回与补赎的
破碎记忆

夜 泊

(你终于回来了
满载一船沉甸甸的思念
终于,泊进了那浪涛微微起伏的港湾
也泊进我,因激动
而略显轻颤的心田)

是一样的秋夜,一样的明月
甚至连你看我时的眼神
也都依旧如初始般传神
我流泪欣喜于,对你
日夜渴念所累积的爆发

那是一种极缓极慢的酝酿
因此,也极其寸断柔肠
我不许你用任何一个暧昧的字眼
来封锁我今夜应有的一切缠绵

自白书

我的疑问是这样的
在我们充满矛盾的一生当中
究竟,何者是实
何者是空
而在那久远得不复存在
无法回忆的岁月里
是否,也有同样
蘸着眼泪在月光下写诗的灵魂
是什么,让美好变得如此苦匆
又是什么啊
让爱,总是染上层层朦胧
如果整个命运一如不堪的青春
那你我遭逢
又有什么不同

青春

假如，爱情是一个难以痊愈的伤口
那么，你必是这创伤的滴血
在我颤抖的心头轻轻流
假如，你是杯微微醺醉的扶头酒
那么，我必是你喝醉时
那一抹浅浅的，淡淡的哀愁

而在遥远如童话般的故事里
不管我怎么抛锚，怎么反复
年轻的爱始终只是一场
太仓促，太轻率的，演出

不愿，让泪水成为我们之间
最为模糊，最为深刻的阻挡
不愿，让黑暗无情吞噬
我那心中明媚的阳光
因此，我要用爱
构筑一道坚硬无比的心墙
好能替我挡住秋日之风霜
冬日之荒凉

焚烧的誓言

不再是那一张嘻哈着扮鬼脸的面孔
忧伤早已剥夺了我初始的单纯
于是,在你转身离去的那一瞬
我便放弃了原有的一切从容
泪眼朦胧

(他们说,爱其实是一座密封的宫
一顶,失乐的牢笼
那看似迷人的外表之下
有着谁也不知道的伤痛)

如何以一种平静如水的心情
去面对我们那逝去的悸动
如果你只是说了一句美丽的谎言
那么请允许我变成一把烈火
然后,再将那些早已褪色的誓言
焚烧一空
在寂静寂静的林中

花的独白

——一树嫣红的桃花
静守一世落泪的风华

在寒冷的月光下
我独自盛开,美丽而又卑微
为的只是你今夜的青睐
可是,当你依着原路轻轻转回
却无视我静默的存在
你如何知道,如何知道啊
此刻我致命的悲哀

终于,当你走远且断定不会再
回头的刹那
我将彻底崩溃,骨粉身亦碎
只有那火红火红的花瓣
依然在风中无助地翻飞
美丽而又卑微

挥别之后

若所有的悲欢都已终止
所有的故事也将无法再继续
那么,离别还有什么不好呢
分手又有什么痛苦而言呢

若所有的一切都是如此
那么人生,将会是多么简易

在成长的道路上
我一直都喜欢一种随意的东西
挥别之后,我仍期许
在某一个黄昏的街角处
我们还能够不期而遇
一切都显得那样安谧
仿佛所有的一切根本就没有发生
根本,你我就没有
没有重逢

灵　感

当春来
渴望已久的玉兰纷纷盛开
而呆滞的眼神
终于,穿透过寂寞的心扉
我该如何去解读
恋人颊上那香醇的泪

让我们就此化成悬崖上的藤蔓
就此,相约着一起枯萎
一起衰败
直到,变为涧谷中的茫茫烟霭

而结局若真是如此
那么,我为什么还要坚持问明白
关于新雨的河塘
到底更适合写意还是水彩
关于你,到底值不值得
我爱

隐 痛

不愿以失败作赌注
因此,记忆只能是一张
被,镂刻得面目全非的网

生命里有许多隐秘的角落
而每一次轻怯的触及
都将造成惨重的创伤

心　经

将隐忍了多年的伤痛
谱成一行行纯真火热的心经
在每一个离别的月圆之夜
默默诵读给自己来聆听

列蒂齐亚,我们没有理由否定
断弦之琴背后那颗碎裂的心灵

在春意复苏的杨柳古道旁
依然还会有阵阵驼铃呼啸而过
在每一个被风沙侵蚀的驿站前啊
应该也曾有过同样难分难舍的古离别
可是,没有人
没有人能够像我一样清楚知道你的寂寞
正如沙漠之于绿洲中幸存的,湖泊

缘 起

所有的领地都已被征服
所有的割据也已被清除
由此,生命将不得不
植入一种新的元素
请原谅我的叛离
原谅,我向命运追求一种无尽的
刺激

整个幻灭极其漫长
一如白昼的星星暗淡无光
同时,又是那样地势不可挡
我们都震慑于那股强大的力量
直到,发现彼此已置身在
两个孤立的小岛上

或许,从初始的那滴泪开始
我们的爱就注定充满忧伤

我爱,今生除了留给你一杯
满盈着芳香的泪水
我已别无长物
所以,请你将它饮尽吧

饮尽它，不光有我对你无限莹润怜惜的爱
还有，热爱之后
那无可避免的，心碎

陌路

其实,你完全可以毫不犹豫
毫不顾忌地告诉我
你已不再爱我
完全,可以说爱只是一场游戏而已
用你最为温柔,最为婉转的话语

在席卷沉淀的过程中
其实,没有什么可以及早预料
一如今日就是你不再爱我的那一天
虽然没有我想象中的那样早

烟圈一缕一缕地散开
而记忆的植被,在流失后
终于只能如一片贫瘠的花卉
亲爱的,这一生有许多无法遏止的错误
此去你我便是,便是陌路

短歌

诱　惑

据说,在我们之间有一道美丽的墙
诱我以反复碰撞
可是,终我一生
终我一生,也都无法突破这层阻挡

平行线

如何让你重新爱我
重新,回到我身边
吻我流泪的脸
你已远去,不再复返
从此去,我们将是两条平行而互不相干的直线
永远,永远也不会有交点

惩　罚

如果说,回忆是一种对温柔的延长
那么,诗只能加剧痛苦的滋长

诀　别

让我目送你
毅然决然地踏月而去
毫无顾虑

而在离别的欢宴上
我将坚持着决不、决不恸哭
请你也装作视若无睹

面 具

若所有的一切
都已在心的碎裂间破灭
那么,我也只好用面具武装起自己
好让别人无法直视
它背后那张碎裂的美丽

良 夜

而在每一个倏忽逝去的春夜里啊
有多少隐痛值得细细珍藏
在每一朵昙花的怒放与萎谢之间
有多少含泪记下的篇章
多少,无可遁形又不容暴露的
悲凉

长恨歌

于是，我偷偷地将“记着”换成“忘却”
想必这样细微的改动你不会轻易发觉
上苍的眷顾从来都是如此优越
只可惜总被我一再忽略

那么，让所有曾晶莹闪耀过的渴望
都在转瞬间停止怒放
六月的花香叩击着我午夜的窗
投我心中细碎的月光

于是，在发黄的深色纹络间
我捕捉到一些锈迹斑驳的破绽
在每一首沧桑沦陷的诗章里啊
还依稀可辨我未了的夙愿

我爱，当岁月的面具日渐狰狞
而温柔的记忆都已否定
那从眉间指间轻轻溜走的甜美气息啊
也已在昼夜的更替间化为灰烬

于是，千年的诅咒落地成真
我的泪依旧残留着月光的余温

余温在月落后急速冷却

只剩下那满地如水的，悔恨

留　白

将允诺织成一顶怀旧的花冠
将希冀锲入每一寸坚贞的信念
在灵魂的港湾里
我们共乘一艘梦幻般的双桅船
扬帆,扬帆驶入
纤细如春雨,羞醉似秋云的伊甸园

唐时风,宋时雨
凡是目光所能及
尽是一个个酡红的主题
让我再次确认
你就是我最后的皈依

而在诗空的细微褶皱里啊
我曾绞痛的心长成了一株
结着晶莹硕果的长青树
即使在繁星满天的国度
也能永远为你恪守住
一份,专属的孤独

无 题

在十八岁朦胧的灯下
展读那些尚未寄出
也还来不及署名的信札
有些思绪,便悄然无声地翻作
首首清新淡雅的蝶恋花

我不是孤芳自赏的山茶
亦非墨守成规的旋转木马
我坚信,所有竭诚求索的爱
终有一个醉人的回答
即或咫尺,即或天涯

拓开一方昏暗的乾坤
泪水已婉尔定格在你我的青春
我深知,就此含恨至终
也恐难以厘清,难以摒弃
你秋水潋滟的音容

音容终将在千人万人之中
幻化成一束长馨的毋忘草
一曲,千古绝调

花落的时刻

追　溯

花落的时刻
我正用泪珠串着
层层叠叠光洁如缎的岁月
夜,依旧火山般缄默

夙　愿

我乃凡人
有着一颗踌躇的心
亦有一片至诚的情
种种雷池我都想逾越
任何天籁我都想聆听
所以,请允许一个固守传统的灵魂
用如痴如醉的心
和旋所有花落的颤音

回　归

并在每一片夜来香花瓣的纹络间
娓娓题上一个女子的幽怨
劳烦来自天堂的青鸟
为他致去,我颤抖的祝福与祈祷

十四行诗

谱一阕似梦非梦的如梦令
吟一曲可歌可泣的诉衷情
在平平仄仄的音律中
感悟斯天斯地的悸动
撷取绵绵密密的从容
你以风雅高洁著称
我用多愁善感温润你我的前世今生
你是风卷云舒中强悍的青木杉
我是星光月色里婉婳的紫罗兰
在你细腻的呵护下啊
我纵容汲摄着生命蕴藉的种种无私与无限
而在空灵如爱饱满似情的层层莲叶间
我精诚雕琢潜心修炼
一段段无法取舍的搁浅的姻缘

如梦令

——你以为，你已将我的心彻底屏蔽
奈何记忆里那艘不安的舟楫
时时将我的梦给你捎去

潮涨前
我正在月光下为你叠着一叶叶带泪的纸船
而你一贯苍白的笑颜
想必逐渐隐入了夜幕氤氲的山岚
俯身捡起一枚温润剔透的贝壳
往事便如海水般浣去胸中的繁琐
让我的梦
细数每一段冷暖的情
让我的诗
普照每一颗甘涩的心

潮落后
有许多的思绪都无从着手
有许多的隐痛也不容启口
那小小纸舟
安能载下如许，如许哀愁

雨 翼

——沈园记

(寒冬已去,且将所有的依赖

都,寄托在春日之花蕊)

终于认同

人生是一条百看不厌的七彩虹

所有的怅惘与纠葛

都是一种不可或缺的色泽

在十八岁春宵悠扬的琴声中

终于明白

你我曾携手走过的种种变故

原来缀着无数晶透如诗的珍珠

如是说

让我铭记日月诸星宏恩浩荡

尽管在每一扉页的淡黄纹理间

依稀写着当日的阴晴无常

尽管在每一险韵的苍白断阕里

还依稀可辨

戏水鸳鸯,舞羽凤凰

驾一缕紫烟绛云
乘一阵霹雳长风
再回首生命确已恍然如梦
莫如,莫如在微雨的沈园里比翼
又是何等,诗意

蝶恋花

将一襟冗长的心事托付给东风
任思念如夏夜葳蕤的长春藤
锲进彼此连理的
枝枝根根

玉指纤纤
轻拂一曲凤鸣哀筝
也应难解那如古羯族少女的悠幽长恨
那自始至终盘亘于花与蝶的讳莫如深

学会了在星月的交融间察言观色
学会了在光影的错觉中浑然忘我

让我目送你渐行渐远
直至你的背影踩痛我凄迷的视线
诚以不朽的姿态翘首期盼
上演一场花与蝶的悱恻缠绵

别离后
思念如蒲公英般散向各处
生命被修缮得与之前格格不入
而我的每一举手投足
也都颇具,仙风道骨

花　季

可是，我所期盼的种种际遇
终究只徘徊于自己的梦里
我无法以十足理智的情绪
及早抑制住
这与我初衷完全相悖的结局

所谓花季，若真的只是
秋波押韵，软语叶调的默契
真的只是，纵然双双游过忘川
也还能够坚守形影不离
那么，请允许我在故事的前言中
注明一条叫永远的恒理

而永远到底是什么呢
千年百年？亿万年？
又有谁能够给永远下一个
明晰中肯的界定呢
又有谁，能够将爱一语道破

所谓花季
只是在多年后某一个慵起的春晓
和梦重温过去

在某一个夏日午后的莲舟上
忽然感到一种莫名的空虚
一种,似曾相识却又未谋面的悲凄
所谓花季
就是那在秋夜里
含泪记下的斑斑私密
不慎被冬日的寒风偷觑
摇落如雪花般,漫天匝地

相思雨

上弦月,诗半阕
有谁能够匡复当初的省略

披一袭唯美的花裳
静坐于红莲之上
让那颗因盼归而洞开的心房
沐浴禅的郁香

泪幕泫泫
浥我粉腮红面
松声泠泠
在微熏的屏风后我屏息倾听
你那永其不变的孱弱的跫音

下弦月,人两别
最美的莫过于最短的时节

解下罗衣,蜕去玉影
让甘饴的梦刺破冰雕般的心
让夜的脉搏停止翕动
让爱,永葆常青的年轮

原谅我已将你锤淬成了一株
嫁接在心间无限蔓生的花树
每一条枝柯都承载着天地的眷顾
每一段梢杪都孕育着日月的甘露
且,根深蒂固

而在所有因花落而失眠的夜里
请让我凝神期许
那一场如约而至的
相思雨

闺　怨

(那么,在入睡之前
我需要足够的勇气
驾御这原本可以无休止
延长的诗句
而在入睡之后
我需要足够娴雅的容仪
掩饰梦中随时都有可能
暴露的呓语)

在黑夜尚未完全落幕之前
让我将你重新放置在初始的起点
尽管,尽管你知道我是多么地不情愿
生命依然在某些我尚未知晓的角落
加速上演着种种华丽的嬗变
种种,即将持续一生的唯美的欺骗
而那些羞涩散乱的誓言
在今夜的月光下居然如同箴言

当月光逐次爬满缤纷的枝头
多希望,能够筑月色为岸
采星光以修改生命的纰缪
若这一切并非只是一个绝望的理由

而你该知道我隐隐的哀愁
知道,有许多不舍我无从启口

回首我们的昨日
已怆然如一首
历经千年沧桑的乐府诗
这恐怕是我所能为你准备的极致
而潮起潮落
到了最后,独留我在踯躅的春夜里
无言悔过

乐 府

——山有木兮木有枝，心悦君兮君不知(出自《越人歌》)

当那颗因爱慕而迷离的心
终于如草原上的晨雾般
飘忽不定
当孤傲的少年婉言谢绝越女的幽情
在无人知道的角落里啊
有什么能够比一滴泪更为清莹
那一夜，青春散作满天繁星
而我知道
我们曾泛舟同行

我爱，当岁月的变迁
终于印证了诗里的谶言
在千年后某一月夜的孤舟上
让我反复吟唱
你的忧伤，我的怅惘
而每一字句
终成，终成绝响

幻爱三节

升华

如果前缘可以修改
你我的相识也可以重新安排
如果写诗真能让历史倒退
忏悔真能将青春挽回
如果命运真能容我为所欲为
那么,我愿把灵魂
擢升到距离我千年的时代

因果

你若是那顽童无心走过
我必是怀揣无尽感恩的小蛇
你若是倜傥多才的少年
我必是倩女幽魂与你重聚前缘
你若是静穆的莲花
我必是那织梦女子
和露温婉摘下
你若是伟岸的苍松
临壁倒挂
我必是慕名而来的藤萝
与你共筑爱的筹码

轮　回

那么，我不禁怀疑
今夜的我，是否就是
那千百年来同一个怜花惜月的少女
亦或，那女子就是今夜的我
就是，在千人万人之中
能够信守一世承诺
且，无怨无悔的
那一个

前缘之疑

诘 问

我不知道我为什么要这样做
明知有些结局我们根本就没有把握
为什么却还要一错再错

怀 吊

从长信台到金谷园
从普救寺到法门寺
从香君的水墨腔到黛玉的落红歌
从传奇的来龙去脉
到历史的前因后果
让我感知所有类似的
落寞与蹉跎

懊 悔

而今夜,在灯下
翻阅我已故的半生前世
那些曾引以为豪的昨日
终于、终于只能如一首
凄美的《团扇诗》

心　声

——江花谢尽，为什么心中还有花落的余音

一

卸下面纱
抛开戒律
让这四月的微风
了却那盘亘于花笺上的心迹
让星月
洞悉我们枯竭的记忆
洞悉，我们曾封缄于心底的过去

二

明月珰，绣罗裳
为什么我所知道的一切故事
都是那样地令人沮丧
为什么古往今来
所有长睫毛的女孩
都注定，摆脱不了
一段百转千回的爱
且，都是在同一个绿肥红瘦的春晓
怅然落泪
在同一个黄昏的白苹洲上啊
凄然心碎

三

于是,你将身影刻进我的顾盼处
我将目光融入你孤独的征途
生命从此陷入寂寞的重复
杨柳岸,晓风残月
此去,何日方可再聚合
让我明白
这一生本该有种种无端的割舍

四

而我仍在意那不被加冕的爱
在意,所有无辜或无知的情怀
在意,莲的洁白
爱的纯粹
当诗终于完全沉溺
日与夜的交替难以为继
亲爱的,我会努力记下我们的悲凄
在另一个陌生不眠的城市里
当亲唤的已不再是,彼此
熟悉的名字
(为什么江花已谢尽,而心中还有花落的余音)

相 思 曲

——对景感时情绪乱，这密意、翠羽空传（宋代女词人谭意歌语）

终究必须要放弃
这些纤弱而枉然的努力
终究必须要离去
夕暮的山岳无限沉郁
西泠啊路遥千里万里
而你就这么挥泪策马而去
终究必须要忘记
逐行逐段
删却每一个与爱有牵连的字迹

诗中不能执笔
梦里无法寻觅

爱人啊
若诗真是一种幽香的缅怀
一种，对往昔隐隐渴念的无奈
那么，想你则是一种
恣肆而无声的心碎
一种，破裂时不得不被
惊魂与断肠的优美

心 语

——若梦是一种对爱的慰藉
那么,诗则是爱的全部呼吸

明月夜,短松冈
那花瓣上的露珠可是我迷离的泪光
那叶间轻轻拂动的微风啊
可是我隐约而又无辜的忧伤
午夜的山月遗你以冷漠
遗我以彷徨
遗我以,苍白且裸露的华裳

其实,生命到了最后
只能相忘于诗里
曾日夜思慕的年华
已被回忆砺炼成了一部
经年沉淀的皮影戏
而我们昨日的所有忧虑
在今夜看来只能是一种徒劳或多余
一如划过黑夜长空的流星雨
终将与我们永远地背弃
到,做梦也都无法够及的距离

于是，我只好、也只能
用诗刻录下我们的过去
在一页页深深浅浅的泪痕里
镌出一行行不灭的，印记

恨晚

早知繁华终将沦落为一段静默的语言
美丽终将凋谢成几帧凄艳的片段
早知,诗将是我最后最后的防线
为何你却是我永不能割舍的依恋
戏文背后我们对峙成两具陌生的傩面

早知结局会如传说所谶
纵我是万分之一个饮恨的人
早知那林间有时光诅咒的风
一切孽缘与情债
我将绝不会,执拗地信以为真

早知这是一场无法避免的过错
请你告诉我
不是,不是那夜星辰所怂恿你
许下的承诺

(莫、莫、莫)

早知、早知所有的梦都是那样地不堪一击
早知,终有一天你会决绝地扬帆而去
那么,我将绝不、绝不大意

祈 愿

——怕忆去年花阴醉，无言顾影空相对(出自《燕来春》)

没有什么，值得我去刻意隐瞒
没有什么，值得忧伤向落红深处
无限蔓延
我所祈求的，并不是奢华的爱
奢华，预示着浪费

只想以最纯粹的姿
亲你千载恒温的唇
吻你万古不灭的魂
以最简单的方式啊
最简单的方式，陪你完成
我们向上帝允诺的那首
燕来春
然后，再含笑着
香消玉殒

(可是，到了最后的最后
没有人会明白
这样的沁润，源自一种
千年来不曾流失的绞痛)

错 过

梦里,走了很长的山路
终达那七月温柔的山谷
沿途,我曾不住地回顾
可你并没有,并没有
在所谓的灯火阑珊处

无助
我绝望地环视着山谷
山谷亦怜悯我的孤独
且,容纳着我的全部
包括,痛苦

幡然觉悟
却发现始终达不到忧伤的内幕
在思绪忽明忽暗的紊乱交织间
花魂已经被亵渎,无法再弥补
可笑如我们啊
为什么始终摆脱不了
被美丽错过与错过美丽的重复

浅 唱

其实,我所探寻的
也不过是一些简单的心情
简单如黑白色素描所折射的光影

其实,我所迷恋的
也不过只是
能够在你怀里温柔地低吟
在某个旖旎的清晨里醒来
还能重温昨晚忧伤的梦境

其实,我所在乎的
也就只是、就只是
爱与被爱时的幸福
一如,我之于你
到底,有多在乎

溺 爱

花落的时候
我正泣在你的怀里
这林中有月华如洗
尽浣落英缤纷,飞花如雨

终于明白,相爱
已不只是五绝七律
所能够传达的秘密
又岂是,四弦七弦
所能够构建的藩篱
相爱更请相惜

所谓的秘密已不再神秘
你安然倾听着我的低泣
踏歌前去,且喜你给了我
一片交织着月华与水纹的
爱的园地

啊,终于明白
原来我所享有的一切从容
都源自你的
宠溺,与,纵容

原来我所有的娇美

所有的绝代

都源自于你匠心的妆绘

以及,别致的爱

空 白

回不去了
那初夏的微风,满耳的蝉声
以及,那一季星与月的余温
回不去了
那曾蛰伏着甜蜜与喜悦
却又不动声色
匆匆溜过的,七月

请容我在时光的边缘言悔
在仓促的梦中,追溯那些
斑驳且迷离的,是是非非
而我并不是乐意独尝憔悴
属于我的爱曾是那样地美
叫我如何不为之一再心醉

可是,夏夜的传说
并不总如想象中浪漫
透过流星雨划过的碎片
是什么在日与夜的更替间
一去不返
是什么,在永不歇息的轮回里
苍白流连

掷我于无尽的黑暗
而我却没有丝毫回驳的余力
最终，只能留下

几首，无字的诗篇
几句，无声的呐喊

无 悔

让我为你静候一份无望的寂寞
让我为你清唱一首沧桑的骊歌
深深浅浅,斑斑驳驳
一声有一声的喜悦
一声有一声的苦涩
让我们的爱
沉淀如一颗经年的琥珀
凝聚为一轮不缺的满月

他们说,我的爱因为简单
而容不下太多世俗的杂念
却无人知道我美丽的无奈
以及,面具下掩饰不及的
心碎

这一生中有许多短暂的美丽
无奈终将在潮音里寂寂散去
雪白,柔粉,还有叶般的绿
让我确信,再回首已不是
梦里恣肆上演着的初相遇
也不是,只能在暗夜里
重复播放的远古记忆

那么

相爱也可以不意味着长相守

若是多年以后

我们还都能够

铭记当初的欢乐,与,悲愁

曾经相爱,夫复何求?

信仰

——为什么花的生命总是极为仓促
而梦总在最美的时候骤然结束

若心碎之后还是心碎
迷雾背后依旧是迷雾
我爱,请让我远远地回顾
那些曾经可望而不可捉摸的幸福
那些,值得我去为它负伤的错误
让我站在故事的终点回看来时路
尽管,这也许是一些自欺的辩护
终于有一天我会重返初始的孤独

而我仍坚信我羸弱的信仰
坚信,有许多凄美的质地
都还不曾埋葬
坚信生命起源于星球的相撞
爱情起源于某种久远的酝酿
某种,只会在雨夜的梦境里
潜伏着的蠢蠢的欲望
坚信,思念是我为你
洒落的一地月光
分手只是成全彼此不再受伤

而当要遗忘的,终于
超过了所要回想的时
我也只好不再去写诗
不再
遵循那些荒诞的信仰
还生命一张惨白的纸

绣 心

当回忆向着雾深处无限蔓延
执笔依然似有万语千言
我会原谅你夜夜无端的入梦
当火种确已复燃
或者说,你从来都在我身边
如一团不灭的火焰

所谓时光能够冲淡思念
不过只是一句美丽而又无奈的戏言
有谁愿意做九十九次的敷衍

我爱
请容我在微醉的晓梦中
细细揣度
那些个错落于前生来世
有关你我的描述
在醒后带泪的花瓣上啊
从容题下这些,赘述

戒律

我的忧虑是
当几十年以后，再回头
翻看今夜所写下的诗句
会不会成为一道
连自己也都无法破解的谜题
会不会，只是几页苍白且琐碎无绪的描述
几页，只有你我才能够读懂的记录

让我默认，结局之所以令人无奈
皆因深爱而乃至于斯
我仍感激生命里
那些不可或缺的安排与点缀
感激，你曾给了我一段无瑕的爱

可是，花与蝶的际遇
注定要被春天所遗弃
星与月的爱情终究只能在夜里
亲爱的人呵
恕我将你封缄于冰冷的心底
永，不再提起
尽管这可能是我一生
一生所要练习的课题

吊　爱

若时光以历史的名义
永远立于不败之地
若我们的爱将在他们的梦里
得以拓展或，延续

若、悲剧早在千百年前
就已经有了零星的伏笔
在某张佚名的宋画里
某首，无名的唐诗中
就已经有所交代，有所提及
那么今生相遇，我愿用眼泪
继续温润，那些发黄的墨迹

纵然，花开花谢
纵然，月圆月缺
纵然，人聚人别

诗　问

如是说
诗是一种对过往岁月
报以无奈而又隐忍的谴责
是一种,将爱写在沙岸上
绵密且淡定的思索
或者,是一种
被深植于落花与残月之间
永不能装订成册
亦或,永不能删阅的
极具疚愧的,过错

诗　人

以一襟旷世而独立的胸怀
涵纳世间所有无辜的心碎
所有,不被加冕的泪

以一支冰冷又炽热的彩笔
匡复一段遗忘的古老传奇
一段,关于爱的赞礼

诗 集

把爱的悲欢离合
织入诗的抑扬顿挫
在春花秋月的微妙更替间
恪守一份来自上古的承诺

无须浪费,以情为贵
无须华美,只求纯粹
我的爱不是金钻银戒可以随意脱戴
亦非韩剧日戏结局尚可任意地涂改

今宵,除了留给你几页薄薄的诗集
我已无任何回转之力
因此,请准纳一个涉世未深且任性的孩子
以饱含诚挚,浓蘸真谛的言词
在梦幻般羞醉的朗月下
含泪抽丝

——自序之二

结 语

那么,我也只好选择缄口不言了
再多的唇舌也于事无补
再多的泪也只能徒增你我的孤独
与其这般
还不如,与寂寞坦然相处
再也不写这奇怪的诗篇了
让那颗倔犟而又固执的心
在日月的福祉中缓缓回苏
让所有曾挥手揖别的晓梦
散作此刻林中薄薄的烟雾
而那份不可多得的闲情呵
终将,终将沉舟破釜

——2009.06.30

浣月集

浣月吟

春花秋月几度悠千字万言何日
休白门寂寂锁旧恨绿窗萧萧待
新梦楼月渐深湿衫经闺花欲落
人未寝无情珠泪笑茕孑令惆怅
灯弦离别去岁惊乱寒食路今宵
鹊满秋夕渡梧桐连理鸳凤台翡
翠通华映画眉双归海燕羽带霞
独蹴秋千涸浸纱回首长亭隔几
重穿眼秋水总无穷琵琶弦断意
犹长管簇声噎心已凉痴心堪比
鸾箫前钟情何必琮甫间可怜八
百机里骑辜负十二楼中箫月女
本是冰心姬愿借明月表相思

春感

（回文诗）

怨春锁恨幽窗掩，疏帘雨洒泪斑斑。
恋梦空余嗟绿碎，迷情唯索叹红残。
燕飞双双成愿情，花落零零自惜怜。
断肠千里万声莺，乱心搅意慵酒酣。

春愿

（藏头诗）

深院寂寂春阑珊，情似飞红向篱边。
守梦忘却月荏苒，护花惊起蝶翩跹。
天长只恐为一世，地久岂讵是百年？
同枝同脉同风雨，心在彼此连理间。

寓意

寒灯耿耿照无眠，夜深拜月香阶前。
一池碎玉映霞裳，遍地残花扑秀颜。
多情红朝兼翠暮，无意丝竹与管弦。
廊下独听枯荷声，秋雨秋风倍黯然。

记梦

幽意阑珊云鬓偏，掬水映月醉花间。
泪惊残秋叶初落，灯照离席露未干。
斑竹风敲人睡后，丝菊雨打梦醒前。
自是夜明珠自明，从来新妆无人怜。

春半

燕舞莺歌风日暖,翠箔未钩帘未卷。
去去愁病踏青怯,落落相思临镜懒。
寄语薄幸春正浓,卜意长安花尚浅。
梦里断尽临歧泪,醒时隐隐暮钟远。

送春

山长水阔见君难,东篱把盏忆前欢。
秋千影里但垂泪,杜宇声中莫凭栏。
当时携共调绿绮,今朝独自整翠鬟。
可怜芙蓉逐影落,恼人光景似去年。

怨别离

一曲琵琶锁幽弦，曲罢已是泪涟涟。
洛女抱枕来梦里，鲛人织恨泣樽前。
花开东园双游冶，月落西厢独嫣然。
衣上蝴蝶钗上鸳，细看诸处恼红颜。

莫相别

柳叶微蹙娇蛾锁，背人灯下更香罗。
闺深病酒瘦花容，夜阑断章寒月色。
弦方怨时人将去，歌才伤处潮已落。
明朝孤舟伴晓风，断肠白苹空寂寞。

孤独令

长忆月宫深画眉，碧玉诗章碧玉杯。
花眠妾意独向痴，蝶梦君心奈何哀。
湿云泣泪暗香笺，残月凝霜冷绣帷。
最怜琵琶柱上誓，一任弦断一任灰。

闺中记

碧楼渺渺酥粉红，烛影伴愁剪瞳瞳。
一纸香翰柔肠断，半帘锦帐碎月笼。
颦蛾焚香徒成虚，敛妆寄梦总为空。
欲卜凶吉问底事，昼长夜永怨归鸿。

上元题情

妆楼梦断人依约,灯花结作心中结。
去岁相携情万般,是夜独醉愁千叠。
对语尚恐无处说,凭笺况是双信绝。
弱柳藏月旧时意,无言犹傍红槛斜。

重阳题情

鸳鸯楼上春酒暖,蝴蝶梦边秋月寒。
红叶题破断肠句,黄花熏透恼人天。
团扇萧疏遮愁容,蜡炬惨淡照离颜。
三更绣阁情何以?半厢孤影泪潸然。

中秋题情

新妆未解睡未成，闺棂深处怨几层。
不为冰轮怜花香，但教寒蛊惜泪痕。
青鸟常阻去年约，红笺又妨当日盟。
醉里秋波梦里嗔，元是不忘武陵人。

秋夕题情

波上遥山横幽翠，梧桐弃叶花葬蕊。
晓蝶一梦心千结，天台百年人万代。
瑶琴惯识姮娥悔，玉枕常存洛妃泪。
情至深处如参商，拚却碧天也难醉。

长相思令

一树梨花带雨深，满园柳絮御雪沉。
彩笔春思翻秋思，花笺泪痕透诗痕。
夜半孤鸿惊幽梦，日暮双燕笑痴人。
香衾不堪映西月，轻罗争奈临东风？

极相思令

花开花谢两无情，络纬深处怨飘零。
玉簟只绣独鸳舞，瑶瑟唯闻孤鸾鸣。
侬爱伊才愿比目，伊怜侬貌肯同心？
不慕浣月与葬花，今夜释卷妒西泠。

永相思令

一袭金缕薄欲透，春寒为谁香满袖？
清歌初落长夜时，冰弦将断拂晓后。
心似粉蝶羞恋花，神如黄莺怯宠柳。
自从解佩云散去，惟有西楼月依旧。

甚相思令

清风明月总愁端，西园葬花隔啼鹃。
诉遍地角天涯恨，穷尽醉中梦里欢。
笔下翠句妒归鸿，枕上粉泪冷戏鸳。
好梦易散伊难见，醒来无语对秋千。

寄情

一

流水曲陌接天涯，燕莺啭处是奴家。
紫烟耿耿映碧桃，翠羽萧萧醉红霞。
轻愁还随去年絮，细伤犹伴旧时花。
看尽舟帆雁飞去，独立小桥日西斜。

二

饯醉才醒酒未消，独唱骊歌去路遥。
漠漠春愁湿绿浦，盈盈别恨暗红桥。
夜间数星托相思，日里焚香慰寂寥。
落花飞絮寻常事，帘外暮雨又潇潇。

三

玉减香残人如醉，雁归方知又一载。
病甚未觉袖间絮，思极不辨杯中泪。
漫记郎马随风去，还教妾心和花坠。
自爱闭门消永昼，不忍卷帘望窗外。

四

斜阳无语依碧栏，春容照水独自怜。
长醉霞觞隐隐痛，久居蕙帐寂寂寒。

多情只换红颜老，痴心剩有玉黛残。
莺声忽惊回眸看，闲花零落秋波间。

五

绮窗隐隐夜未央，昏灯暗影琥珀觞。
银漏廊下滴秋露，红泪枕上凝寒霜。
梦里合欢脂愈浓，醒时移榻花尚香。
钿钗都是无情物，夜深和月冷残妆。

六

独向西园泣秋风，残花满地暗伤神。
痴心一片迷冷月，脂泪两行凝寒灯。
千般怜惜柳下别，万种柔情梅边逢。
可恼孤鸿嘹唳声，惊醒冰雪梦里人。

七

罗幕如烟秋千轻，处处啼鹃不忍听。
粉窗虽好终自赏，画栏纵美只独凭。
无人堪怜花前醉，有谁能知月下吟？
咽泪问天情何物，檐角数声雨淋铃。

八

落落飘絮寂寞春，帘卷东风伴思君。
惜花常怕花飞红，恋月最恐月移踪。
痴忆相识联秀句，忍顾饯别捧玉钟。
自从西楼人去后，妾身便在广寒宫。

九

一袭罗纱薄欲透，寞寞难消锦堂昼。
多情燕并画梁栋，无言泪洒粉衫袖。
流水一梦人不同，落花几醉春依旧。
记得去年赏灯时，碧云散去月落后。

十

浓睡不觉东风恶，病酒醒时花零落。
梦魂常如兰叶舟，凄心一似秋千索。
才拭斑斑红笺泪，又睹楚楚银屏月。
想得千里远行人，端知闺中无眠夜？

十一

帘外丝雨和泪滴，心在白苹西更西。
常记当初云执手，亦怜别时月牵衣。
病酒一番助消黯，禁烟几日添悲戚。
好花难留春易去，感君珍重劝君惜。

十二

惜春不能留春住，忍看满地香魂污。
独把瑶樽偎碧栏，谁携翠袖归朱户？
忆君双宿南楼曙，忆君共醉西园暮。
花自无情人自痴，痴时泪洒落红处。

十三

宝奁生凉露凝脂，独奏朱弦鲛绡湿。
霜月千载空锁寒，余恨一襟独抱痴。

斜展花笺书鱼信，背面荧屏赋秋词。
尝闻红豆最相思，却下幽栏折一枝。

十四

鸿雁迟迟春已半，笺墨和泪恨无限。
梨花醉后空落尽，阑干醒时闲倚遍。
风月有思褪舞裙，杨柳无心凝歌扇。
独卧独唱知谁伴？细雨人立深深院。

十五

秋雨潺潺背灯眠，宿酒醒时只依然。
几日相思人憔悴，一晌华胥月阑珊。
昨夜新梦诗中记，前度暗病书上瞒。
起来临妆欲画眉，又恐对镜两无言。

十六

惜春留春春将阑，望月总是寂寞寒。
提笔满腹确有意，挥毫几句只无言。
情是酥酒虽易醉，人如婵娟终难圆。
好花良夜美无限，与君不能共樽前。

十七

重帘叠幕寒食天，宝鸭终日惹残烟。
玉枕自攲掩流苏，乌云不整隐花钿。
娇怨一襟风细细，幽恨数点雨纤纤。
燕子归来春寂寞，小院独立伴秋千。

十八

春去春来人似旧,画梅数枝染香袖。
单衣莫念新暖随,薄衾怎耐乍寒透?
病酒半日人徒远,华胥一梦腰空瘦。
才转西园东畔路,篱下俯首把花嗅。

十九

淡烟曲水画屏幽,守宫望月几经秋。
才剔鸾灯漫独悲,适闻马蹄先自羞。
莫怨巫山梦易散,须信蓬壶人难留。
佳节良夜今又是,不敢月下倚碧楼。

二十

西园斗草南陌别,红泪合成恨千叠。
春风绿处妒飞燕,梅子黄时怨啼鴂。
玉樱堕穗帘任敧,琼炉熏香烟自斜。
席散人去玉钩下,凄风惊梦愁时节。

二十一

寂寂深闺伤雨暮,相思弹遍哀筝柱。
自是秋尽日未短,那堪灯残梦犹速?
东风吹泪菊东篱,西园把盏人何处?
去年天气去年路,人情不似去年故。

二十二

愁雨凄风旧情怀,痴梦终日为谁来?
雁捎锦书每独看,鱼衔红叶只自猜。

鲛珠和墨湿云笺，鸩酒化泪凝香腮。
不如嫁得春风去，莫负梨花桃花开。

二十三

梅子伤春天接巷，怀远又恐临高望。
桃扇曾是碧血染，桂酒常为红泪酿。
莫道连理翡翠枕，休说比翼芙蓉帐。
无缘再续缠绵梦，添烛剔檠自思量。

二十四

秋千蹴罢人将困，菊花新酿谁与共？
玉坠点破春心觉，金铃扰乱芳情动。
自画娇容眉黛低，私题团扇月露重。
一晌病酒却醒时，恹恹独把灯花弄。

与盘龙山人留别

自隐翠薇三径路，尝入赤松五柳圃。
舟楫荒凉泊秋水，户牖寥落接古渡。
临风长啸惊丘壑，把盏狂歌感花木。
故人厚意难辞让，惟有梦中骑鹤去。

怀 李 杜

本视权贵如芥麻，不料声名冠京华。
一片冰心存高洁，千古绝章拓风雅。
浮生似梦梦即空，华胥若真真实假。
可怜秦淮河边姬，咿呀江头弄琵琶。

感遇

（呜呼！）
常悲工部路蹒跚，漂雪履霜过重峦。
忍看丛菊半凋零，恻闻孤鸿独翩跹。
北魏云烟荒墟上，南唐风月夕照间。
季鹰终食山蔬味，封侯题榜只徒言。

武侯祠

五丈原前志难酬，羽扇麾下金甲流。
隆中韬韫管乐才，祁山展泻伊吕谋。
梁甫沧桑八阵机，出师动荡三国猷。
霸业未图鬓已潘，惟有秋风解人愁。

乌江亭

草木为敌风为刀,楚歌漫作浪滔滔。
江东水寒难饮马,关中云淡宜射雕。
美姬帐下千重泪,霸王胸前万仞怊。
奈何乌骓不偷生,堕江犹忆沙场枭。

屈原

当年灵均遭奸诼,重五伤怀今几何?
满腔愤懑吟离骚,一片丹诚书九歌。
讹谗是道谪云梦,忠义非理投汨罗。
可怜仁杰长冥寂,英魂江中泣鲛鼍。

吊秦皇

踶雪蹴泥浴晓暾,咸阳楼头吊祖龙。
建国立勋当圣明,燔简葬儒实昏庸。
百年父业金石固,一朝子承砖瓦空。
始皇有灵诚应睹,风流只在此间中。

吊武皇

自有天地皆龙王,始为武曌独凤皇。
朝野无人衰唐国,社稷有需兴周邦。
牡丹虽妍然其弱,修竹表柔实则刚。
静观遗文思纷然,东风自会论否臧。

吊明妃

佞语浊世污芳名，出水原比画图馨。
琵琶翻成忆归曲，胡笳奏出长恨吟。
落雁萧瑟鸣不断，荒冢寂寞草常青。
宋玉悲感庾信愁，何及昭君怨离情！

怀西子

梦舞裙带醉舞衫，记取当年若耶欢。
凝颦沉鱼半泣中，回眸倾国一笑间。
常哂媸施貌未改，但悲范郎病相怜。
卧薪廿载终弗晚，吴越本是不共天。

咏貂蝉

月洗玉面眉黛低，佩环鸣翠透罗衣。
屈尊神戟怀少将，委身魔箭诱太师。
美人关翻父子仇，离间计种天地熙。
长恨青史逐云去，不解凤仪荷戚戚。

忆太真

云随疏星梦随月，相思翻作千千阕。
未央宫寒人离合，长生殿暖灯明灭。
霓裳舞罢惭凤凰，雨霖曲成惊饕餮。
马嵬一别钿钗落，便是长安魂断夜。

口占西岳

闲趣在野兴在杯,醉眼吟遍春葳蕤。
诗文萧条翻旧句,乾坤浩荡动新雷。
老骥得食缘碛行,病柯逢春倚天栽。
临高常喜千里目,望穿山河壮襟怀。

晓 别

孤馆梦断浑欲秋,月与寒水共北流。
渺渺山寺闻远钟,溟溟江村窥近鸥。
昨夜木落黄芦岸,今朝人散白苹洲。
桅樯一去无行迹,空余烟波两悠悠。

广陵游

三年漫旅客天涯，维扬梦中赏物华。
桥头残碑送暮船，渡口荒榭凝寒沙。
花簇朱楼人影静，水绕碧阑月色斜。
隐隐清歌淡淡酒，何处烟柳杜郎家？

赤壁怀古

浪濯汗青赤壁鏖，泊渚犹见沙中矛。
不因东风助火烧，安得北军溺水逃？
得胜三气薨大帅，长河一吟误小乔。
(君不见)
千秋英雄万古名，半为斜阳半为蒿。

金陵怀古

旧时残月今时波，梦中仙子花中娥。
六朝遗韵杯边起，二水胜迹沙头歇。
暖暖玉醅长干吟，淡淡金霓子夜歌。
吴娃春梦因何散，越女秋思与谁说？

次泊吴江

岸柳袅袅锁荒坟，江潮漠漠撼远城。
繁星万点枝头花，断云千重岭上蓬。
船移波碎坠晚杵，鸥散芦开泛秋砧。
若非月暗残灯影，安知露湿长笛声？

江村即兴

芦花倚棹吹远香，秋草何事待斜阳？
雾隐蓬山转依稀，露洗汀州入苍茫。
流萤隔船清光淡，啼猿背岭哀声长。
夜半胡笳贴江去，寒禽惊飞水中央。

游东湖宿馨林院

苔绕翠阶酒沾襟，坐抚愁琴卧数莺。
金风含香莲半塘，白露映幽竹满汀。
潇湘有水舟沉浮，秦陇无路客飘零。
极目荒城千行泪，还将秋月对秋心。

登楼赋

暮江似练山似空，落花时节人醺醺。
黄鹤影泻危楼上，白鹭声断夕照中。
云浮九天常悲秋，水漫两岸独伤春。
千古兴亡身外事，且将冷眼对清樽。

偶题

常怨别离柳依依，始解相思草萋萋。
燕舞微雨人去后，莺啭熏林花开时。
闲立窗轩泪盈袖，静观荼蘼恨满枝。
夜阑酒慰金钗落，闺深月照粉泪滴。

二十八日宿可云轩遇欧阳兄

旧地一别渺音容，看花摇落路几重。
斜日空山九回肠，残月孤城五更钟。
秦烟微锁梧桐碧，楚风漫开芙蓉红。
今宵与君暂推盏，只恐相会又匆匆。

次韵子清中秋赋

梦吟秋月忆旧游，醉题春衫问新愁。
疏影溶溶倚燕窗，暗香隐隐绕猊头。
他年与君同登岳，今宵共谁独凭楼？
莫管身后千载名，且尽花前一樽酒。

戊子重阳，予客长安，见东城疏菊，乃为赋

岁岁雁归衡阳渡，日日人行章台路。
残月无声长信没，寒灯有影华清故。
白草遥接陇上秋，黄花近对院中暮。
惆怅啼鸦不尽休，凄凉乱山无重数。

饮酒律

碧云沁寒凝重霄，酹酒无语月蟾高。
醉眼留春花还落，凄心惊秋草自凋。
西楼两恨梦易散，东厢一别情难了。
痴女安惜玉颜泪，拂又不尽拭又抛。

七夕感怀

花泣残红风前舞，烟锁离津暗南浦。
牛郎已乘鹊桥去，织女犹思星河渡。
酒阑醉抛荷塘月，诗酣漫移莲叶步。
情若游丝自难系，梦如飘絮知何处？

遣 兴

玉楼金风意缠绵，露湿冷月照水寒。
卧看塞雁飘飘至，坐听箜篌细细传。
幽阶萦香碍重门，翠屏流芳怯薄衫。
杯尽酒残犹未醉，隔窗折花使人怜。

感绿珠

嗟乎金谷地，花鸟空自春。
昔时园已墟，况复园中人！

感　梦

梦在咫尺间，人比天涯远。
若得长相守，不羡梁间燕。

七月二十日闲步雨中吟

背手出柴门，举目入秋色。
晚霭隐山川，暮雨湿村落。

中元望月二首

人去方悔别，叶落始知秋。
月本无情物，何须自烦忧。

历历西风瘦，汉南秋意深。
屈指千载下，望月又一人。

和李季兰《相思怨》

皆言江水长，何及相思半！
江水诚可渡，相思未能断。
拜月江楼上，芦花扑人面。
吟着离别诗，星泪两不辨。

独游东陵，兼怀紫阳

闲居苟无事，携酒游东陵。
天然浣俗念，禅意静尘心。
芳草眠时卧，鸟语醉里听。
日夕山光好，但恨无知音。

忆轩四首①

春　歌

朝去暮至泪不干，宝帘闲垂对远山。
天涯无路可相逢，满天飞花醉雨轩。

夏　歌

日午慵慵自无言，为君学绣绮窗前。
窃喜无人弓鞋褪，微凉透襟卧竹轩。

秋　歌

帐冷衾寒灯婉婉，梦吉梦凶皆不管。

①轩：作者表字可轩。

可怜盼煞天未明，夜深独醉惜月轩。

冬　歌

一宿无眠晓妆倦，天公亦知人幽怨。
枕上泪似楼外雪，隔帘纷纷泣梅轩。

怀娟四首

上　元

香车玉鞍灯阑珊，客居红楼不明天。
羞将一片寻春意，几番隔窗问婵娟。

清　明

饮赏杏花燕子闲，云破雨散夕照阑。
一帘幽梦无诉处，夜深还来伴婵娟。

七　夕

银汉迢迢双星敛，独步江畔清光满。
雁落平沙常作客，莫将滴露比婵娟。

中　秋

梦里梦外寻未见，遥知月面如人面。
我是多情旧休文，从今夜夜避婵娟。

赠谢娘

画灯如昼初相会，娇娥醽醁醉中醉。
书剑不似琵琶好，一曲感我江州泪。

酬萧郎

绣阁初开恨晚会，今宵破戒为君醉。
只愿同心似天地，莫教妾抛无辜泪。

题镜

团团鲛绡湿泪痕，情是雾愿兼幻盟。
相惜相吊知侬者，惟有黄花镜里人。

雨

楼外潇潇落井桐，晓来阶前拾残红。
万绪千丝心下意，昨夜萧郎旅途中。

吊情

花舞絮飞兰室冷，恼乱方寸睡未成。
细雨黄昏斜凭栏，从此天涯两路人。

感怀

月明灯灿携玉真，鳞鸿一去巫峡深。
旧时紫陌旧时尘，今番重游只一人。

春 夜

炉香销尽绣帏低，银汉寂寂露花稀。
多情终是凭栏月，夜深犹伴娇痴儿。

赴吴道中

秋雨篱菊洗凝脂，雁落寒水断风凄。
天涯一去青衫湿，烟草苍山千万里。

秋 怨

泠泠天气如水秋，清樽难舒芭蕉愁。
一日阑干凭几遍，相知惟有湖畔鸥。

春情

日长玉樽浸韶光，觉来梨花铺绣床。
取次芳菲自开落，凄景楚楚似昭阳。

幽意

香冷灯残酒自酾，多情终难改旧痴。
幽恨一襟梦中诉，春花秋月安可知？

己丑重阳，客游宣州，观菊有感

敬亭山高鹧鸪哀，年年秋草登榭台。
想得故园黄花开，穆穆应为手自栽。

翠微楼走笔

江雨连天酹江楼，凭轩呼酒与苍头。
繁华六朝终是梦，传书蛟龙共仙游。

岵山醉笔

一

神登青云思御风，打坐荒丘学山僧。
高鸟归去日西沉，我辈亦是谪仙人。

二

风急云淡访仙居，登临且莫枉嗟吁。
屹立高丘承天地，愿将此心效太虚。

三

山我融汇酒酹溺，荞麦花外迎夕照。
牧羊老汉疑相问，枕丘朝天只三笑。

四

昔人筑丘我醉趴，莫笑头上戴杏花。
少年鸿志终有成，飞身九天揽霓霞。

七贤诗

梅

斜立庭院耐春寒，枝枝朵朵惹人怜。
不与蜂蝶厮争闹，相配唯有冰雪然。

兰

在山在水近仙台，独报清韵知者谁。
黄金难买红尘意，问君肯入画卷来？

竹

根破顽石首接云，枝承雨雪叶招风。
满腔锐气劲节里，一身傲骨空心中。

菊

寒梅领先卿断后，秋深焉得不消瘦。
繁华世事纷如云，寂寞东篱花似旧。

莲

婷立水中脸衬霞，胭脂淡淡洗浮华。
堪笑尘世多俗客，几人修得泥中花！

松

悬身山崖伴寂寞，风雨青青笑迎客。
嗟尔朽木自欺人，妄比良材终断落。

桂

愁粘花心滴月露，未见芳姿已闻馥。
香魂一片无人识，引得山鸟满涧啼。

闺中幽怨

金风落叶露凋花，阑干影直月西斜。
美人隔帘犹自泣，白苹洲头行舟发。

暮江别人

渡头杨柳春意乱,泪眼别人恨无限。
黄莺隔叶留不住,醉抛兰舟波潋滟。

漏 断

漏断夜永人影瘦,月照双泪湿襟袖。
绿酒未尝先已醉,今宵托梦会西牖。

过翠微亭

翠微亭边苏桥东,桑兰新绿杜鹃红。
蜂蝶不解春犹在,时时飞过百花丛。

山中逸兴

深坐茅庐天将明,落红未扫香满径。
半臂蓉袖非我意,雨入琴丝持酒听。

清明登桃花山

咫尺青天浮云闲,芳草斜阳共流连。
日暮苍山寒鸦去,杯酒不醉自不还。

少 年 行

风轻夜永雁飞高,帘月似钩挂柳梢。
长恨美人凭栏处,春深几许未知晓。

致远人

皆言江南风光好,漠上四月春来早。
今日为君折杨柳,征雁不归音书少。

秋日别人

地遥天远几多时,与君离别意迟迟。
烈马长啸挥手去,未知重逢是何日。

丁亥七月,与东陵金城相晤,醉书

经年一别生死盟,当歌对酒为相逢。
但愿年年今宵醉,不辞长作飘零人。

闺意

千里暮霭送行舟，今宵佳人懒上楼。
落花流水容易去，杯酒王孙使人愁。

钓叟

又是芦荡微雨寒，夜泊春江东南岸。
人生得意几多时？卧看鲤鱼上钓竿。

长亭感怀

旧地重游心渺茫，芳草萋萋古道长。
独怜秋高雁声断，夕照满怀泪沾裳。

画中马

矫似白龙鬃鬣滑，长啸西风寒日斜。
久在纸上不得意，奔出画屏信天涯。

赋得重阳梦中吟

遥怜黄花元亮意，今寻桃源无处觅。
更喜人生千杯醉，落叶秋风满身系。

重题秦淮矶

清江碧水白鹭飞，向晚泊舟登榭台。
年年花开年年落，东流此去不再回。

夜宿崆峒

北望崆峒静无声，日久山寺满目尘。
待到前庭月落后，秉烛夜话与山翁。

和沧洲《金陵醉后》

吴王宫中初落花，浓睡不觉新月斜。
常记年年幽梦窄，今夜千杯醉酒家。

清 溪 游

去年小山青依旧，今朝绿水仍长流。
重行上次桃花路，敢问东坡尚在否？

古原即兴

古调残阳梦悠悠，草色凄然上春楼。
何许北风兼野蒲，吹得人醉心却愁？

凉 州 词

北风无情谁与共？漠漠心寒愁从容。
人生常作一宿梦，留得百年玉樽中？

江村即兴

暮雨潇潇暗炊烟，空斋无人渐觉寒。
家童疑是流莺去，故教山客独自眠。

怀东野

一望京都万事空，秋高琴远知谁共？
关河梦断三千里，幽人独在幽谷中。

金城凭吊

胡雁瑟瑟连飞鞚，夜来黄水始入梦。
一去河西万里漠，安知昔年玉关情？

读兰君除夜句，倍欣，书是篇，聊以慰余心之切

华章无比秀句妙，姑苏风情何时了？
犹记当初金台宴，纤云总被明月照。

翠微楼

春去洞庭孤帆远,雾湿罗衣江水暗。
楼高夜永人犹在,为伊伤酒到肠断。

无　题

落日长烟远苍山,绿柳春江近楼兰。
最是令人伤绝处,伊人高阁花枝残。

秋夕词

金风玉露红烛昼,思君未现丁香瘦。
依依花落深闺中,晓月如钩人依旧。

瀛洲怀古

昔年百战不觉衰，今学孟德临沧海。
千古英雄浪淘尽，留得忠魂日边来。

春　怨

深闺幽幽情亦幽，悲欢离合尽闲愁。
春风不解佳人意，总是伤酒月满楼。

寻人不遇

微雨白苹孤舟锁，雾霭千里接碧波。
可惜人面早已去，而今空留旧时约。

秋夜寄人

重登江楼月无语，绿酒初吟断肠句。
行舟不知已何处，佳人犹唱阳关曲。

致文操

西湖岸边燕蹄轻，斜阳归去秋千影。
江南草木长如春，浊酒一杯任飘零。

登高

危楼如水月如霜，停杯不觉美酒凉。
芦笛悠悠歌一曲，留醉诗人空断肠。

游西山追忆而作

细雨双燕尚未风，院落清清寂无人。
来客不知柴扉秋，桃花带露叩深门。

江南春暮

庐外青山舟外湖，红杏花满碧潭坞。
何时烟雨落霏霏，独卧孤舟对诗书？

偶　赋

古原归来白云家，老马西风红日斜。
无情芳草多情客，萋萋送我至天涯。

出塞曲

弱水河前秋意凉，西风断雁白草长。
孤城冷月关山外，何人弹得琵琶伤？

易水送人

雾锁白苹愁锁觞，乱鸦万点近斜阳。
一叶扁舟知何去，两岸空余荻花香。

重阳望白塔山

举杯夕阳酒欲红，乱鸦飞后寒山空。
又是佳节重阳日，一片萧索衰柳中。

夜宿白帝

黛眉山际平沙雁,夜泊轻舟芦荡间。
白帝城外旧时月,不知何日照我还。

花 间 吟

愁满香猊吐芳菲,忧堆冰绡含翠微。
绿酒入肠先作泪,银烛曜壁后成灰。
半面淡妆无限恨,一抔落红多少哀?
偷传鱼雁步步急,暗拨杨柳声声悲。
探春莫驻金谷园,寻幽且登铜雀台。
昔时飞燕何处觅?遥怜宫深月徘徊。

浣月吟

春花秋月几度悠，千字万言何日休？
白门寂寂锁旧恨，绿窗萧萧待新梦。
楼月渐深酒初醒，闺花欲落人未寝。
无情珠箔笑茕孑，含悯蜡灯泣离别。
去岁莺乱寒食路，今宵鹊满秋夕渡。
梧桐连理翳凤台，翡翠通华映画眉。
双归海燕羽带霞，独蹴秋千泪浸纱。
回首长亭隔几重，穿眼秋水总无穷。
琵琶弦断意犹长，箜篌声噎心已凉。
痴心堪比鸾箫前，钟情何止琼甫间。
可怜八百机里骚，辜负十二楼中箫。
月女本是冰心姬，愿借明月表相思。

秋琴赋

登斯楼之渺渺兮，
日月含光；
瞰江河之浩浩兮，
怎奈心伤？
梧桐高高兮玉露凉；
西园萧萧兮金菊香。
望天苍苍，观地茫茫，
悲莫悲兮又重阳。
塞雁哀鸣之以持觞；
鸥鹭翱翔之以吟章。
一湾春水兮但垂泪行；
几曲秋琴兮切莫断肠。

惜春骤

（散曲）

西园游，乍见伊来，慌掩袖，佯羞走。
轻转朱楼，笑折桃花，却把眼儿频溜。

银烛弄昼，月儿落后，可意儿冤家嬉相俦。
嬉相俦，三盏绿蚁，两朵红云，春心已透。

从此诗无相思调，谁承望半路里捧别酒。
君去后，再回首，桃花依旧，人似消瘦。

醉秋香

短棹轻舟，离亭津渡，执手无限凄凉。
伊人去，水阔天长，楼台空自对斜阳。

看桃花落尽，醉酒成伤，又是一院香。
佳期渺茫，庚楼梦散，奈舞剑断惆怅。

抛绣球

恨压画舫，晚来困倚小轩窗，卸浅妆。
对沧江无语，漫思量、芳心寄与斜阳。

别后镇日浓睡，巧燕双双，人怯持觞。
细雨凋花落泥浆，熏风中酒入愁肠。

王孙游

熏炉萦香，宝奁生尘，重门闭海棠。
金钗坠，院落凄凉，终日舞《霓裳》。

曲栏凝望，这凭雁彩笺，总付斜阳。
兰舟去，菊花黄，空断离人肠。

浣溪沙

纱帐玉枕乍寒退，
日日无绪掩春睡，
戏鸳自在偎绣被。

拚尽樽俎人微醉，
莫管窗外花乱坠，
腮边点点是红泪。

忆秦娥

对婵钩，抱影未眠卧兰舟。
卧兰舟，沙雁飞过，珠泪凝眸。

人自逍遥水自流，沉醉西风独倚楼。
独倚楼，春闺深处，梦添人愁。

哀筝诉

画角凌烟，危栏倚遍，总是秦楼管弦。
双燕归时节，东风无力，泪满春衫。

欲黄昏、相思难度，惹尽飞絮万千。
纤腰翻恨，罗裙舞翠，目送凌波远。

玉堂秋

（赋得意语同韵）

蓬莱旧事，秦淮残梦，多少凄凉情意。
高城目断处，今又是、秋雁南飞去。

鸳被沁馨，凤枕盈香，此恨说与谁知？
绿酒不曾醉，今何夕？泪眼对花语。

西凉乐

碧云凝淡，金菊开烂，泪墨烟尘相留恋。
伤心山河不见，为问东篱，言秋已半。
路漫漫，酒酣酣，愁煞秣陵少年。

西天目断，心与寒鸦去，翔九天。
马上揾青衫，诗性已索然，非去年。
不如向幽栏畔，芳园边，簪得黄花半面。

秋千舞

绛云馨晖，影泻手中杯。
雾散人去鸾凤台，空有一霎蔷薇。
酒酣娇无力，盈袖飘袂，醉拭红颜泪。

月落梨花飞，独自伤悲。
怯春一去不复回，恨君何日归来。
危楼怅望，箫怨筝哀，难解清影翠。

翠微寒

平芜春归，绿酒易醉，塞雁几度南回？
怨鸣笳，暮寒锁罗衣，斜阳绣裙带。
东风无情柳絮飞，双燕有意梨花开。

银钿玉簪，红绡香软，小蛮今犹在。
莲步轻盈，箜篌好听，最怕惜春泪。
横塘路，鸳鸯舞，人娇无力拥衾睡。

醉眼儿

残红铺地，古道香尘草自碧。
凌波步远，寒塘落絮月历历。
对芳樽，最恐去年今日、中酒意。

问秋千，萧娘知何许？鱼雁难寄。
西风杜郎题壁，凭栏无语斜阳里。
恨堆积，泪偷滴，今夕何夕兮？

燕来春

残粉余香春寒退，莫听帘外，莺儿声声碎。
怕忆去年花阴醉，无言顾影空相对。
恹恹终日，除梦里、秋千横翠。
玉肌消，红颜改，成憔悴。

把酒欲饮遥相酹，独自凭栏，人在天涯外。
枕上啼痕湿难睡，盈盈都是相思债。
月华如桂，不忍触、当日衣袂。
燕脂泪，随花坠，人何在？

枉断肠

凄云愁雨重午过，东风恶，林花落。
漫赋新词说寂寞，别后闲却秋千索。
春宽衣罗，未觉单薄，依旧念行乐。
晚来独自凭栏，无限深意、只虚设。

淡烟残意旧时节，萤灯灭，飘香屑。
踏遍蓝桥钟情切，红泪消尽千山雪。
人春两去，去则去兮，奈无眠夜夜。
纵使易心成铁，也难独对、一帘月。

燕分飞

独吟独和终独赏,独斟独酌独彷徨。
人远天近偷掩泪,触目总是旧池塘。
旧池塘,无心画梅妆,那堪试霓裳?
欲寻春芳,怕逢春寒,闭门自焚香。

草草花花暂为床,莺莺燕燕邀共觞。
今宵柳下分携路,也无明月也无霜。
也无霜,月怜人凄凉,故向云中藏。
思君无容,梦君不眠,耿耿夜未央。

连理枝

杨柳风轻淡淡春,泪浣残妆,又是恼人黄昏。
拍遍阑干岭千重,断肠人在夕照中。
伤情处,把酒问秦淮、无语向东。
醉眼望芙蓉,依旧寂寞红。

落花满院月融融,泪尽珠斛,方知人间情浓。
唳鸿声声都是恨,解佩人去合断魂。
君去矣,飘渺云水间、寻访遗踪。
不忍月下看,萧萧玉楼空。

试金缕

暖日和风重帘幕，时有彩蝶临绣户。
少醉清欢，料孤负、四时风露。
梅腮红浥娇蛾蹙，望断街南树。
鸾弦孤，鸳衾独，登临伤心目。

秋千未能留人住，啼痕渍透襟袖处。
相思最苦，更那堪、月似三五。
楼外春山恨无数，穆穆和月度。
忆君切，中酒疏，梦回西泠路。

化蝶飞

幽梦依依藕花渡，闺恨撩烟迷雾。
不忍顾、江干分携路，洒泪如雨。
灯暗月残云相逐，檀板无力唱别曲。
一场华胥，永夜无语，断肠帘钩玉。

庭花落尽春散去，寞寞终日无绪。
怅凭阑、问芳思几许？万千金缕。
娇痴那知情若絮，好是浅红肥新绿。
绛霓楼头，碧杨影里，日日啼杜宇。

巫山盟

记当时、花簇步摇，新月穿柳照。
迤逗蝶舞莺闹，娇痴投入郎怀抱。
插花鬓边，结心篱下，此情共天老。
嬉相笑，深劝杯，莫负青春年少。

奈今宵、云山渺渺，人远长安道。
蓝桥空梦寂寥，春色不似去年好。
为报相思，认取憔悴，胡不归来早？
芳径遥，梦魂消，绿了岁岁芳草。

织旋玑

醺脸醉流霞，单衣衬桃花，人儿偎睡鸭。
月缺花残皆是恨，为恐伤怀笼窗纱。
明灭青缸，多少事、两鬓生华？
从前意，和泪洒，焚香煮新茶。

绿杨曾系马，黄芦今泊舟，红日又西斜。
斟尽玉斝浑不醉，诉遍青天只自答。
闲步小院，犹思量、人远天涯。
淡淡眉，知谁画？不敢对菱花。

题团扇

寞寞闺居春来迟，幽恨锁残枝。
帘外新生芭蕉低，更风雨、翻成忧戚。
折得梅花留春迹，满腹娇怨总依稀。
梦阑处，无语时，粉泪点点滴滴。

候鸟飞来还飞去，日日醉东篱。
自叹痴人题痴诗，这痴意、诉与谁知？
春回花谢莫垂惜，秋来犹着旧时衣。
洛红洒，叶堆积，减了玉带香肌。

解玉佩

露冷珊枕，香熏晶簟，最恐佳夕良辰。
小桃酒微腻，负前盟、独似月中人。
梦沉沉，醉依依，月照双泪痕。
想得明朝音鸿去，隔山水几程？

海燕和鸣，画栏独凭，凄煞人困中庭。
日高裹衣卧，对帏屏、无心理瑶琴。
新恼情，旧风味，更几多孤零？
余情惟有梦中续，那堪梦又醒。

喜并蒂

红袖香，绿襟柔，情迷沈园柳。
芙蓉半面娇无力，问花羞未羞。
新月落时，骊歌散处，任他千唤不回眸。
一霎欢情，剩有相思，独对帘钩。

春尚在，人已别，病酒几时休？
流水落花伤心事，凭栏愁更愁。
一襟余恨，半盏残酒，无奈好梦总难留。
伊人去也，从此明月，空照江楼。

长相守

蝶舞莺歌暖日天，清明过了，巷陌红掩。
密意深情书难传，知心惟鲛绢。
月本寒，花常残，酒自酣，此情无关。
人如游丝，神若飘絮，魂似秋千。

雨送黄昏西风晚，寒食燕子，飞来梁间。
一掬红泪落君前，滴断鸳鸯弦。
梦好处，总阑珊，奈不眠，两下无言。
愁见香屏，怕闻唳鸿，怯倚栏干。

鸳鸯恨

细雨斜风百花残，枕自冷，衾自寒。
无聊梦魂，无赖病酒，醒时只依然。
杜宇声声啼君远，泪斜阑，更无言。
轻卷纬幕，看镜里朱颜，消得人怜。

溶溶小径芳情懒，深院锁，重门掩。
静倚窗前，悄匿花间，咽悲独装欢。
蜂送黄昏蝶送春，春易见，夜难眠。
拟随春去，从此天涯恨，都付秋千。

寄萧郎

人袂馨香煦日暖，楼高不忍湘帘卷。
知心人去也，眉黛浅浅，试衣谁怜？
春恼黄昏，秋恨白露，思睡梳妆懒。
楼外啼鹃又声声，声声皆入耳。

卷帘谢他闲风月，闭门罢却愁莺燕。
知心人去也，频将幽意，等闲题遍。
泪涌天明，泪滴日晚，独伴梨花院。
今宵知他人何处？何处君行远。

斑竹泪

金井辘轳，玉栏梧桐，断肠几声梁州序。
更无情东风，愁红怨绿，桃恨柳恨如絮。
揾尽红泪还又落，海燕双双青霄去。
多少意、问天无声，告地不语！

屈指别离，朝欢暮恨，征雁春梦都无据。
便可可芳意，浅醉深眠，到底春深几许？
何缘寄得江南信，纱橱卧听黄梅雨。
暗伤神、一川烟雨，满腔愁绪。

徐妃慢

画楼深锁，销尽春色，况步摇桃靥。
恹恹春瘦，终日对鸾镜，无言泪落。
天涯旧恨去年同，青骢油壁总闲却。
桃蹊渡，赤阑桥，思量着。

佳人念我，曾题败壁，隔几度星月。
记取年时，花前掷芳心，孤负情切。
待到剪烛西窗时，无奈落红春去也。
问绿绮，惜沈腰，花田错。

落梅妆

衾寒孤眠，正日晚、不觉穿柳双归燕。
春将半，花不解人愁，人自肠寸断。
满帘风絮，几多幽怨，芳心丝丝乱。
渐梦随郎行远，凝神处，恨唳鸿惊散。

娇开杏眼，犹慵倦、冷月斜临深深院。
夜已阑，缓酌鸳鸯盏，莫问花蝶恋。
水逝萍缘，火焚诗笺，待无言消暗。
魂随残萤点点，犹记取、当日桃花扇。

秦淮月

翠羽藏诗，红袖翻曲，春乱如织。
东君来，缓引秀罗带，漫牵若耶眉。
酒阑春水回文湿，夜深秋波蝉鬓低。
香屏对桃蹊，巫山醉，钗攲帘横梦歪。

雁落平康，鱼沉秦淮，花是人非。
意似痴，观枕念旧日，何处问前期？
满帘凄风吹狼籍，一厢淡月照迷离。
叹人面依稀，这情味，宽衣更伤绿杯。

阳台梦

寒雨带凄风，病酒初醺，漫锁芭蕉重门。
双燕纷纷，不似扬州梦，浑欲高唐人。
曲岸断肠，孤帆销魂，野旷残云生。
共杨花，伴柳絮，点点飞渡河汉冷。

楼高更漏深，独对锦屏，正无语泪涔涔。
红笺鱼纹，纤指玉殿筝，秀唇仙宫笙。
雾湿素袜，月照翠痕，书隐意难成。
天涯恨，醉后嗔，牡丹泣露珠泣灯。

祁连春

朱帘蔽莺，玉阶曲径，谁家黄衫隔画屏？
相召尽文英，无言处、丝竹不乱芳心。
待杯盏初定，一阕浣月吟，列座皆惊。
暗问春风，桃花正娉婷，因甚不问津？

瓶梅弄影，妆台弥馨，暮长深卧懒袖琴。
渐梦中天暝，临轩窗、拚却罗枕秀衾。
元夜灯通明，驻骑立中庭，宓月粼粼。
楼下来人，漫任如许情，先自醉白苹。

钿钗信

乱鸦翳空，斜阳外、隔遥山几重？
漫对江天朦胧，花醺醺人断魂。
遍蓝桥东，觅觅寻寻，不见旧时踪。
红泪重，钿钗无凭据，春去又匆匆。

争宵夜永？共莫愁、剪帘影曈曈。
蹙金凤纱摇红，云鬟对淡淡唇。
声断寒蛩，蜂倦蝶困，月照秀罗裙。
将欲睡，粉腮可深匀？拟共醉梦中。

绣金屋

翠压西桥，红溢南郊，过东园芍药。
稚子闹，蜂儿绕，莺儿啼将春来报。
水中鸳鸯鸟，花间蝴蝶飘，去年臊。
淡淡几曲清平调，隐隐两处殿前笑。

醒时云朝，醉后雨宵，只因青鸟到。
睡窈窕，颦姣娆，月与花常共争貌。
言去不归早，道回难预料，春正少。
牵衣莫向临邛抛，窥帘且随人人靠。

绿腰慢

旧时波,恁般澄澈,总付于鶗鴂。
江水千千叠,都是心中结,芳心休说。
杨柳凌步弱,纤姿婀娜,行舟去几何?
万种不舍,争奈他、烟渚已吞厮将别。

红莲夜,独上高阁,人单薄似蝶。
待书平平仄,翻为云雨墨,合昏未觉。
殢酒映双酡,泪醉红靥,犹自浅浅酌。
桃花吹落,更哪堪、星阑处月又西斜。

重比翼

燕妆褪,洛枕松钗,人困双鸳被。
问绿酒无味,多半是、悼红泪。
去年灯节,前日诗会,携手共蜂隘。
而今憔悴,把一腔春怨对月深拜。

萦兰桂,轻燃香蕙,佳期鸾凤配。
又比翼双飞,似梦里、交杯醉。
琵琶横幽,罗衣翻翠,杏眼秋波媚。
夜过羽黛,空只见银烛灭帘钩垂。

沉香醉

幽思细细长，记东湖、舟横莲塘。
玻璃鸳鸯，碧玉诗章，人持凤绮觞。
瑞脑香醉新绿蒲，扶头酿弱落红妆。
笑语碎波光，芙蓉误入水中央。

去事总渺茫，睡帷幄、愁断闺房。
汉时月廊，唐时云厢，是夜露满篁。
昨日子规声里春，今朝海棠花下霜。
一曲水墨腔，多少合欢别离伤。

长信春

沉香亭畔，渌水江岸，烟浓日色淡。
窥石境，玉影纤纤，细将蜀琴声慢。
去岁经别诗意懒，怵啼鹃，醉飞燕。
水晶泛碧丝，随处菡萏，始信春将半。

晓卷帘，霁霞慵慵散，花深照人面。
红装漫舞影乱，水袖轻捻弦断，香满篁。
横波泪泉，把一襟、芳思翼衫都浣。
又玲珑婵娟，芷若无人空长叹。

题红叶

去年游，越溪处，芙蓉过人头。
黄蓼岸口，白苹洲头，几番诗愁。
花若有情应含羞，水自无心向东流。
只知碧叶藏影，不解笑语惊鸥。

访陈迹，寻旧欢，何处恁兰舟？
一轮残月，几点离思，欲颦且休。
歌罢已恨鱼雁杳，梦里始觉罗衣秋。
叹粉泪常凝眸，题红叶又坠楼。

宴绮楼

月波似挂，灯影若滑，上苑楼台下。
红妆踏春，黄衫唤酒，香尘诱骢马。
记当时多丽，共追游处，未辨是画。
喧阗误，和羞耍，芳思几欲秋千架。

欢情一霎，离愁永昼，凤髻低低压。
无语凭高，有意怀远，消得泪如洒。
望雁断别浦，欲笺心迹，还寻罗帕。
把绿杯，对黄花，争奈问花花不答。

惜玉碎

冉冉彩云紫台处，朦胧遍湿街南树。
舟帆点点，轻别江鹭，惯是红落日暮。
残蛩藏冷语，锦屏对、断魂一帘风露。
又西风莲步，入梦追思，几番和羞度。

纵使玉勒骤住，应难剪、翠微幽素。
兰意促，芳情薄，泪卷粉闺绣户。
别后日长花梢，困酒慵舞，断阕杨柳赋。
星河漫漫人孤，余把凄声泻入哀筝柱。

合欢令

落红偷香，飞翠惹碧，多少游春意？
无言凭高日久，漫长是、酒困人无力。
断云去，残月天际，总翻成愁寂。
望十二楼不见，空只见、芭蕉满地。

记得东园一去，魂随凌波，梦追芳迹。
辜负了、秦镜韩香，换取重门深闭。
恐风月，怯云雨，相思两字夜独忆。
歌畔燕喜舞边聚，切莫提、樽前狼籍。

望江亭

雾霭度烟霞，飞絮簇游丝，万点乱鸦。
江寒水冷，渚遥洲远，凄凄微雨梨花。
望漏断梅残，天际鸿归，行舟发。
章台路，怜楚腰无人，是处平沙。

皓月萦霜，寒星凝露，极目天涯。
画屏展，罗幕闲，空阶叶落知谁家？
暗想此前幽期，可惜红衰绿煞。
旧时楼在，谢娘何许？寂寞帘钩斜。

琵琶醉

幽槛井桐,月桥院落,晓来飞花朦胧。
朱门深,问清明时节,几许伤春?
小园蔷薇依旧,高阁香囊未减,目断西征鸿。
残酒都醒时,芳心如梦,春情似空。
惜瑶台露冷,回廊影隔,一片香粉中。

但追忆、去年初相见,羞把明珰弄。
黛眉清浅,罗袜生尘,犹记嘶马过桥东。
离浦津渡,翠袖处、空惹红泪重。
便是香暖凤衾,恨冷燕脂,尽黄昏。
帘外斜晖,江上暝鸦,翻成杯中纤云。

白苹洲慢

风雨洗碧，杨柳染绿，殷勤飞红无数。
春梦轻，水花冷，寒食巷陌，词韵难赋。
漫惆怅、浅醉浓睡，莺歌乱燕舞。
春骑香车，西陵遗憾，空余残红闲步。
念去去，珠帘隔淡月，云屏滴泪烛。
庭院疏桐，小窗帘栊，凭栏万千离绪。

云锁朱户，愁满归路，人去花落春时暮。
对缺月危楼，轻剪新愁，凤台携手处。
芳情苦，断魂沙际，零落桃叶微渡。
罗帕沉香，尺素熏被，晚酒春寒羁旅。
昏鸦零乱，料到幽恨无尽期，归棹去。
此情谁共锦书远？又却是、弹断筝柱。